Escritura Exploratoria

Título original: Exploratory Writing: Everyday magic for life and work
Traducido del inglés por Alicia Sánchez Millet
Diseño de portada: Editorial Sirio, S.A.
Maquetación: Toñi F. Castellón

© de la edición original
2023, Alison Jones

Edición publicada mediante acuerdo con Alison Jones Business Services Ltd
a través de Practical Inspiration Publishing

© de la presente edición
EDITORIAL SIRIO, S.A.
C/ Rosa de los Vientos, 64
Pol. Ind. El Viso
29006-Málaga
España

www.editorialsirio.com
sirio@editorialsirio.com

I.S.B.N.: 978-84-19685-61-2
Depósito Legal: MA-1883-2024

Impreso en Imagraf Impresores, S. A.
c/ Nabucco, 14 D - Pol. Alameda
29006 - Málaga

Impreso en España

Puedes seguirnos en Facebook, Twitter, YouTube e Instagram.

El papel utilizado para la impresión de este libro está **libre de cloro** elemental (ECF) y su procedencia está certificada por una entidad independiente, no gubernamental, que promueve la sostenibilidad de los bosques.

Alison Jones

Escritura Exploratoria

Magia cotidiana para la vida y el trabajo

EDITORIAL
SIRIO

A mis compañeros exploradores:
a George, por enseñarme los caminos; a mi
perra Sorcha, mi compañera de microaventuras,
y a Catherine y Finlay, mis dos exploraciones
más maravillosas y sorprendentes.

Índice

Prólogo

$\mathcal{E}$ xplora las preguntas que llevan a tus respuestas. Alison Jones nos explica cómo podemos experimentar con la escritura exploratoria y nos da ejemplos sobre ello. Con su estilo directo nos aporta una base esencial, nos dice cómo ponernos manos a la obra y nos ofrece un montón de tentadoras herramientas para seguir avanzando. La escritura exploratoria solo necesita instrumentos sencillos para nuestro kit de trabajo cotidiano: lápiz y papel, y tal vez, un ordenador. Y no nos resta demasiado tiempo: a veces, seis minutos bastan. Es un proceso engañosamente simple: al fin y al cabo, todos hemos estado escribiendo y leyendo desde que éramos pequeños. Sumamente directo, sin embargo, nos abre la puerta a un sinfín de cosas.

Esta escritura, personal y privada, puede iluminar y desarrollar significativamente nuestra vida y nuestro trabajo. Lo hace mediante estrategias que nos servirán para acceder a partes de nuestra comprensión y recuerdos que hasta ahora habían estado ocultos y eran inaccesibles. Este proceso nos confiere una visión más profunda que, en ocasiones, es bastante desconcertante y puede cambiar

13

radicalmente nuestra vida. Una vez que empezamos a explorar este mundo, mucho más extenso y profundo, nos vamos dando cuenta de cuánto nos hemos perdido. Es como si hubiéramos estado viviendo y trabajando en un pasillo sin habernos dado cuenta de que había ventanas y puertas a cada lado. Más que eso: escribir nos permite subir las persianas, abrir los cerrojos, asomarnos y ver, oler, oír, tocar y degustar la aventura. Podemos salir por esas ventanas. Escribir puede darnos las llaves para abrir esas puertas y explorar qué hay al otro lado.

La escritura exploratoria está a nuestro alcance en cualquier momento y puede ser el mejor *coach* gratuito que podamos tener. Alison nos dice: «Más que en darnos respuestas, un buen *coach* se centra en plantearnos grandes preguntas que nos ayuden a comprender mejor un tema y a crear nuestras propias soluciones». Con nuestro *coach* de escritura privado, siempre tendremos en quien confiar y quien nos guíe hacia nuestras propias estrategias para crear esas soluciones. Las propias soluciones nos conducirán a más preguntas y a más exploración, por supuesto, y por consiguiente, a soluciones potenciales y posibles más dinámicas. Tus compañeros y clientes descubrirán nuevos mundos contigo.

Alison también nos recuerda que «las personas con éxito son las que hacen las mejores preguntas». Las personas con éxito están dispuestas a aprender a asumir la responsabilidad de hacer las mejores preguntas. Están dispuestas a cuestionarse a sí mismas, sus motivos y sus valores en profundidad. A las personas que no tienen tanto éxito, este proceso puede parecerles psicológicamente peligroso. Pero como te dirían los mejores *coaches*: es la única vía para hallar las mejores soluciones. Los mejores *coaches* son los que nos ayudan a ser rigurosos con nosotros mismos.

La escritura exploratoria nos permite explorar por debajo, alrededor, encima y más allá de aspectos de nuestra vida que hasta ahora no habíamos sido capaces de cuestionar. Nos ayuda a aclararnos y a tener una visión más profunda poniéndonos en el lugar del otro; reflexionando sobre suposiciones que hemos malinterpretado como verdades absolutas; transformando las emociones negativas, como la ira, en energía constructiva, y aprendiendo a vivir más plenamente de acuerdo con nuestros valores. Escribir tiene el poder de ahondar en las raíces de nuestro trabajo y transformar nuestras vidas, replanteándonos nuestras propias preguntas.

GILLIE BOLTON,

autora de *Reflective Practice: Writing and Professional Development* [Práctica reflexiva: la escritura y el desarrollo profesional]

Introducción

*P*iensa en el último viaje que hiciste. ¿En algún momento te sentiste como un auténtico explorador?*

En general, para la mayoría de las personas, nuestros viajes poco se parecen a una expedición al Ártico. Nos desplazamos para ir a trabajar, llevamos a nuestros hijos al colegio, visitamos a amigos y familiares y, a veces, (ni siquiera con la mínima frecuencia) vamos a lugares nuevos en vacaciones con la ayuda de guías de viaje y navegadores por satélite.

Tal vez nos parezca que nuestro mundo está completamente cartografiado, que poco queda por explorar y, en cualquier caso, tenemos poco tiempo para hacerlo.

Pero a veces descubrimos que estamos explorando el territorio en lugar de limitarnos a atravesarlo. Cada día, cuando salgo a correr, disfruto descubriendo nuevas rutas, tomando calles que no conozco para ver dónde terminan, encontrando cosas inesperadas por el camino (un

---

* N. de la T.: Por razones prácticas, se ha utilizado el masculino genérico en la traducción del libro. La prioridad al traducir ha sido que la lectora y el lector reciban la información de la manera más clara y directa posible.

recinto de pavos reales, una escultura cubierta de maleza, una iglesia abandonada...). Y también es fascinante ver cómo se unen y se cruzan las vías, descubrir nuevas formas de llegar a sitios conocidos.

No cabe duda de que sería estupendo cargar la mochila para ir a los Andes, pero normalmente es imposible, y eso no implica que no podamos tener una microaventura todos los días.

Y lo mismo sucede con las aventuras mentales. Me encanta la algarabía de los talleres creativos y los retiros sobre estrategias, pero la mayoría de los días he de conformarme con presentarme en mi puesto y hacer el trabajo.

Mi intención con este libro es introducir una actitud mental exploratoria en nuestra vida y nuestro trabajo cotidianos, dedicar unos minutos al día a ser exploradores en lugar de ser «exist-entes».*

¿Por qué? Bueno, hay tres razones:

1. Es divertido. Que es una muy buena razón para empezar.
2. Vivimos en un mundo que cambia tan rápido que es peligroso para nosotros enfrentarnos a él con cualquier otra actitud.
3. Tenemos una tendencia innata a perdernos lo que tenemos delante y a ver lo que queremos ver. Esto significa que, en el mejor de los casos,

---

* N. de la T.: Seres o entes que existen.

nuestras reacciones suelen ser de poca utilidad y, en el peor, perjudiciales para nosotros y para los demás. También implica que nos perdemos oportunidades y revelaciones a diario, quizás cada hora.

Cuando vamos a explorar un lugar nuevo, solemos hacerlo como parte de una expedición organizada por otra persona (así es como descubrí la Australia rural y fue muy divertido). Del mismo modo, cuando nos embarcamos en una expedición cognitiva (pensamiento creativo, resolución de problemas, ejercicios de inteligencia emocional, visualizaciones, etc.), solemos hacerlo en compañía de un experto que nos guía y nos facilita el trabajo.

Lo cual es fantástico... hasta el momento en que se va de la sala y te deja solo para que lo hagas por ti mismo.

Lo bueno es que una vez que has adoptado la mentalidad correcta y cuentas con algunas técnicas en tu manga, la escritura exploratoria que descubrirás en este libro es una forma de acceder cuando te apetezca a esa zona creativa de pensar a lo grande que utilizamos en los talleres. Y, a veces, incluso cuando no te apetezca.

En cierto modo, el hábito de la escritura exploratoria es un complemento para cualquier herramienta de autodesarrollo que hayas aprendido o que aprenderás a partir de ahora. Una sesión de escritura exploratoria te ayuda a acceder de inmediato a tu taller personal (o incluso retiro), dondequiera y cuando sea que lo necesites.

Cómo descubrí la escritura exploratoria (o cómo me descubrió ella a mí)

Antes de seguir avanzando, voy a explicarte cómo descubrí por mí misma el extraordinario poder de la escritura exploratoria, por pura casualidad.[1]

Una noche, mucho después de haber abandonado el mundo empresarial para montar mi propia empresa, en una etapa en la que mi situación económica era bastante precaria, me desperté de madrugada con sudores fríos. A las tres en punto, un problema de liquidez te parece el inicio del colapso de tu vida. Tenía palpitaciones, un nudo en la garganta, vértigos, calor y estaba pegajosa. Si tenía algún pensamiento racional en aquel momento, era simplemente este: «¿Qué he hecho?».

En este estado de pánico indescriptible, era imposible no hacer nada, así que hice lo que se me ocurrió en aquel momento: agarré un puñado de folios Din-A4 y empecé a escribir. Era un verdadero caos, un lamento sobre papel. Pero, al rato, comencé a escribir sobre lo que estaba observando en mi cuerpo, exactamente cómo y dónde sentía el pánico. Y a medida que escribía, notaba cómo cambiaba mi estado: mis pensamientos se volvieron más lentos para seguir el ritmo de mi mano sobre el papel, mi respiración se normalizó y empecé a sentirme más centrada y calmada.

Sinceramente, con eso me hubiera conformado.

Pero, mientras escribía, me sucedió algo más increíble: tuve una idea. De pronto anoté: «Me pregunto sí...», y a los pocos minutos, tenía un plan bastante elaborado para un programa nuevo, que lancé al cabo de unas dos semanas y que me ayudó a solucionar mi tema de liquidez.

En tan solo unos cinco minutos, mis escritos desordenados y caóticos habían permitido que mi ansiedad diera un giro de ciento ochenta grados y que pudiera acceder a mi propia fuente de recursos y sabiduría. Y entonces me pregunté: «¿Qué ha sucedido?».

Lo que pasó fue que acababa de descubrir por mi cuenta el poder de la escritura exploratoria: escribir solo para mí, no para otros. Había escrito cuando ni siquiera sabía lo que quería decir. Comenzó con el simple hecho de plasmar mis pensamientos sobre el papel, pero en ese proceso se me desbloquearon las ideas y tuve revelaciones que no había tenido antes; eso me ayudó a ver el sentido de mi caótico estado y me dotó de los recursos necesarios para afrontarlo con mayor eficacia.

A las pocas semanas, cada vez que estaba insegura o angustiada respecto a algo o no sabía la respuesta a una pregunta, probaba a sentarme a escribir de este modo. Y funcionó. TODAS Y CADA UNA de las veces. Sentía como si hubiera descubierto la Sala de los Menesteres de Hogwarts, que siempre está cuando la necesitas, donde encuentras todo lo que te hace falta en ese momento, pero que la mayoría de las personas no saben que existe.

Como le pasó a Harry Potter con la Sala de los Menesteres, pronto me di cuenta de que, aunque yo no la conociera, no había sido la primera en descubrirla. Personas de las más diversas procedencias y currículums ya la habían descubierto por casualidad y habían escrito sobre el tema: maestros de escritura creativa, terapeutas, psicólogos, pedagogos y otros. Sin embargo, muy pocos empresarios y empresarias la conocían.

Con este libro intento corregir esta situación. Si eres un líder o un emprendedor o, a decir verdad, cualquier persona que tenga que enfrentarse a la vida laboral moderna, la escritura exploratoria es una de las herramientas más flexibles y rápidas para dar sentido, crear, colaborar, gestionar el estrés y el agobio, y comunicarte con mayor eficacia.

Aquí me centro conscientemente en nuestra vida y nuestro trabajo cotidianos. Si quieres aprender más cosas sobre cómo afrontar los traumas o enfermedades mentales, hay muchos libros escritos por especialistas más cualificados que yo, que pueden ayudarte y que encontrarás en la sección de bibliografía al final del libro.

Pero si lo que buscas es gestionar las frustraciones normales y corrientes, has elegido el libro correcto. Espero que pronto descubras la libertad y las posibilidades de la página en blanco, el entusiasmo de iniciar una frase cuando no tienes ni idea de cómo va a terminar y la dicha creativa subversiva de ser capaz de escribir *cualquier cosa* porque nadie te mira.

Desde que descubrí por casualidad el poder de la escritura exploratoria, he desarrollado una metodología más explícita, motores de arranque* y herramientas que facilitan su enseñanza, pero, en esencia, se trata de una aventura en solitario por rutas no transitadas: cómo lo «hagas» depende totalmente de ti. Experimenta, observa qué te funciona y diviértete. En la vida moderna, hay maravillosas oportunidades para romper el libro de las normas, así que adelante.

Recuerda que fue en la Sala de los Menesteres donde Harry enseñó a sus compañeros las técnicas avanzadas de la magia que necesitaban para superar las amenazas a las que debían enfrentarse. Quizás tu varita mágica sea un lápiz HB o un bolígrafo barato, pero no por ello será menos poderoso. Puede ayudarte a hallar soluciones para los problemas más difíciles a los que nos enfrentamos actualmente como seres humanos, como el agobio, la distracción, la baja autoestima (o su opuesto, la autoconfianza injustificada), la falta de empatía hacia los demás y hacia nosotros mismos y la incapacidad para entender los puntos de vista de los demás u otras interpretaciones de los hechos.

Es una afirmación importante y en las páginas siguientes voy a hacer todo lo posible para justificarla. Pero,

---

* N. de la T.: La autora utiliza la palabra *prompt*, que en términos teatrales significa 'dar pie o entrada'. Se refiere a los inicios de frases o a frases enteras que usa para que nos ayuden a iniciar una sesión de escritura. He optado por la metáfora del motor de arranque porque, fuera del contexto teatral, *pie* o *entrada* podía generar confusión.

sinceramente, si en este momento cerraras este libro y no volvieras a abrirlo, tras haber entendido que el mero hecho de escribir cuando no sabes lo que quieres decir es una gran forma de descubrir cosas nuevas, y empezaras a ponerlo en práctica habitualmente, me daría por muy satisfecha.

(No lo hagas. ¡Te esperan muchas cosas buenas!).

Veamos con más detalle esta magia cotidiana. ¿Cómo se ha usado en el pasado? ¿Por qué funciona? ¿Cómo PUEDES aplicarla para mejorar tu vida personal y laboral?

¡Exploriamus!

Primera parte '

Descubre la escritura exploratoria

Esta sección primera empieza con una revisión del terreno.

Capítulo 1: ¿qué significa «redescubrir» la página?

Capítulo 2: ¿cuál es la base científica? ¿Por qué deberías probarlo?

Capítulo 3: puesto que ya sabes escribir, ¿qué significa convertirte en explorador de la página?

Capítulo 4: explora por qué importa todo esto en el contexto de crisis laboral.

Capítulo 1

(Re)descubre la página

«No es exactamente novedoso. ¿*Esto es todo, Alison? Hace años que escribo...*».

Si eres empresario, probablemente escribas bastante. Escribirás correos electrónicos, textos para promocionar productos, informes, sumarios ejecutivos, *blog post*, manuales de funcionamiento, memorandos y muchos textos más. Cada vez que escribes, estás intentando informar a tu lector o influir en él. En realidad, estás actuando.

Lo que pretendo es hacerte ver la escritura de un modo totalmente distinto. Me gustaría que en vez de considerar la página en blanco como un espacio para actuar en público, lo vieras como un terreno inexplorado, como una oportunidad para explorar lo que NO sabes, que no te limitaras a expresar lo que HACES.

En 2016, cuando creé el pódcast *The Extraordinary Business Book Club* (El extraordinario club de lectura empresarial), mi verdadera intención encubierta era profundizar en el proceso de escritura de libros empresariales (por interés propio y por el de mis oyentes, si he de ser sincera). Desde entonces he hablado con cientos de autores famosos y no cabe duda de que me han dado infinidad de consejos prácticos sobre cómo escribir grandes libros, comercializarlos y obtener grandes beneficios. Pero pronto empecé a observar algo que no esperaba: casi sin excepción, todos ellos me dijeron que más allá de comunicar, el hecho de escribir les ayudaba a pensar.

Dave Coplin, ex director jefe de visión de futuro de Microsoft, lo explica de este modo: «Cuando estás intentando crear, cambiar o modificar tu forma de pensar respecto a algo, para mí, escribir es la manera de desenrollar el espagueti... y al final, termino consiguiendo un pensamiento verdaderamente claro y concreto que se puede poner en práctica y que hace que las cosas avancen».[1]

Dan Pink, autor de varios superventas, dijo algo parecido: «Escribir es una forma de resolverlo. Y, de hecho, para mí, a veces, es esencial. Es como decir: "¿Qué piensas al respecto?"". "No lo sé, todavía no he escrito sobre ello"».[2]

Y la autora y *coach* literaria Cathy Rentzenbrink lo expone de este modo: «Escribir proporciona un espacio donde puedes dedicar mucho tiempo a descubrir por ti misma qué es lo que piensas y sientes respecto a las cosas, antes de que caigas en la tentación u obligación de compartir esas opiniones con otras personas».[3]

Algunos autores aún han ido más lejos: no solo han escrito para aclarar sus ideas, sino, según me han dicho, para ir todavía más allá, hasta la borrosa área del pensamiento preverbal: impresiones, sensaciones, ideas.

El autor y *coach* Michael Neill lo ha expuesto de un modo más poético: «[Escribir] me obliga a dar forma a lo sin forma [...] hace que ponga letra a la música. Entonces surge una canción [...] Puedo vivirla y cuando le pongo palabras puedo verla; entonces, quiero olvidar las palabras y volver a la vivencia cuanto antes. El otro lado se ha enriquecido por haber escrito».[4]

Es evidente que muchos escritores contemplan el proceso de escribir como un proceso tanto de pensamiento como de comunicación, si no más.

Pero ¿están en lo cierto? Ha llegado la hora de echar un vistazo a la magia de la escritura: ¿qué sucede en nuestros cerebros cuando practicamos la escritura exploratoria?

Capítulo 2

Las bases científicas de la magia

Para entender por qué la escritura exploratoria merece que le dediques tu tiempo y tu energía (o si lo prefieres, por qué funciona), hemos de hablar un poco de la neurociencia. Si entendemos mejor cómo funcionan nuestros cerebros, nos resultará más fácil darnos cuenta de cómo podemos usar la escritura exploratoria para favorecer sus tendencias más útiles y mitigar las menos útiles.

Creo que la escritura exploratoria tiene cuatro dimensiones neurológicas clave que son lo que la hacen tan eficaz para mejorar nuestra vida y nuestro trabajo:

- Puede funcionar como **disco duro externo** para expandir nuestra capacidad cerebral sin distraernos del trabajo importante.
- Nos permite **unificar y regular** las distintas áreas de respuesta de nuestro cerebro.
- Nos permite explotar el fenómeno de la **elaboración instintiva**, una peculiaridad de nuestros cerebros que significa que las preguntas pueden producir resultados extraordinarios.
- Nos permite liberar el arma secreta de nuestro cerebro: la **narración**, al servicio del *sensemaking*.*

Un disco duro externo

Este aspecto de la base neurológica de la escritura es fundamental porque es la propia razón de su existencia: las formas de escritura más primitivas eran básicamente discos duros externos para ampliar la capacidad cerebral.

---

* N. de la T.: Anglicismo que se utiliza en diversas áreas de conocimiento y que significa 'hallar o dar sentido a lo que se está haciendo'. Algo especialmente necesario cuando lo que se esperaba y los resultados obtenidos no coinciden. El *sensemaking* es un proceso para manejar la incertidumbre.

Nuestros cerebros, o si lo prefieres, *wetware*,[*] tienen un sistema increíblemente complejo, flexible y creativo, mucho más avanzado que cualquier tecnología que podamos concebir actualmente, pero también tienen limitaciones. Su capacidad de almacenamiento es finita (hay diversas opiniones, pero las investigaciones revelan que normalmente solo podemos almacenar de tres a cinco temas en nuestra memoria de trabajo u operativa[1]) y por supuesto, individualmente, es vulnerable al daño, al deterioro y a la muerte.

El lenguaje, y la escritura concretamente, es lo que ha permitido a los seres humanos superar estas limitaciones y convertirse en los amos del mundo que son ahora. Cuando descubrimos cómo escribir las cosas, trascendemos los límites de nuestros cerebros. Pudimos realizar complejas operaciones matemáticas, crear sistemas legales u organizarnos más allá del grupo de parentesco para coordinar actividades, como crear ciudades y el comercio internacional, por no mencionar la guerra.

Pero tal como señala Yuval Noah Harari en su libro *Sapiens: de animales a dioses*, una vez que empiezas a acumular información escrita, pronto necesitas desarrollar formas de gestionarla. Sin sistemas de recuperación (catálogos,

---

[*] N. de la T.: Esta palabra es una abstracción de dos partes del ser humano vistas desde los conceptos informáticos del *hardware* y el *software*. El *hardware* sería el sistema nervioso central y el *software, la mente*. La expresión *wet* ('mojado', 'húmedo') hace referencia al agua que compone los organismos de los seres vivos. *Netware* es un término que se utiliza tanto en la ciencia ficción como en trabajos académicos.

índices, archivos) que te permitan reencontrar un documento cuando lo deseas, posiblemente, este no existiría. Nuestro cerebro cuenta con un sistema de recuperación de datos a base de carbono, que no es el mejor modelo para la Biblioteca del Congreso. Es un desastre. Harari nos ofrece un brillante ejemplo:

> En el cerebro, todos los datos se asocian libremente. Cuando voy con mi esposa a firmar una hipoteca para nuestra nueva casa, en primer lugar, nos recuerdan que vivimos juntos, lo cual me recuerda a nuestra luna de miel en Nueva Orleans, que a su vez me recuerda a los cocodrilos, que me recuerdan a los dragones, que a su vez me recuerdan a la ópera *El anillo del Nibelungo*, y de pronto, sin darme cuenta, estoy tatareando el *leitmotiv* de Sigfrido ante un desconcertado empleado de banca. En la burocracia, se han de separar las cosas. Hay un cajón para las hipotecas, otro para los certificados de matrimonio, un tercero para los formularios de impuestos y un cuarto para las demandas. De lo contrario, ¿cómo puedes encontrar algo?[2]

Sí, hemos de separar, etiquetar bien los cajones si queremos que los demás puedan encontrar las cosas. (O incluso nosotros mismos, cuando hayan pasado algunos meses desde que lo almacenamos).

Pero esta burocracia, aunque sea un mecanismo de ayuda necesario para un cerebro exteriorizado, condiciona la forma en que nos permitimos pensar sobre el papel. Puesto que estamos acostumbrados a escribir con un estilo entendible para los demás, automáticamente, nos supeditamos a las normas burocráticas a las que se adhiere nuestra cultura en particular. No nos desviamos del tema. Recalcamos nuestro argumento con títulos, subtítulos y frases útiles para establecer relaciones, como: «Esto demuestra claramente que...» o «Sin embargo...». Hacemos pausas con frecuencia para asegurarnos de que lo que estamos escribiendo sigue teniendo sentido y que nuestros lectores todavía nos siguen. Y si aparece alguna vía alternativa que nos tiente, nos resistimos, porque solo conseguiría enredar más las cosas.

El cráneo forma una línea divisoria. En su interior, bullen un montón de conexiones libremente asociadas; en el exterior, mientras nos preparamos para presentar nuestros pensamientos a los demás, ordenamos las cosas en apartados y realizamos conexiones lógicas.

La escritura exploratoria supone un interesante interfaz* de intercomunicación entre ambos, pues permite que la anarquía cognitiva amorfa e invisible que solemos albergar en el interior de nuestro cráneo salga a la luz en un espacio privado y seguro, donde podamos revisarla a fondo. Es una valiosísima herramienta que nos sirve para

---

* N. de la T.: En informática, dispositivo capaz de traducir las señales generadas por un sistema en comprensibles para otro. Permite interactuar con eficacia con diversos sistemas operativos y *softwares* de varios dispositivos.

traducir lo que sentimos a nivel preverbal en lo que terminamos comunicando a los demás.

Estiremos un poco más la metáfora de la burocracia hasta que no dé más de sí: la escritura exploratoria es la «bandeja de entrada» a la que llegan temas aleatorios, nuevos o antiguos, de la Oficina de Correos del Subconsciente, donde quedan a la espera de que llegue el *empleado de la razón* y los clasifique.

(Solo que esta bandeja de entrada se parece más a una placa de Petri:* los pensamientos crecen o se combinan de formas nuevas e interesantes, a la espera de ser procesados. Y a veces resulta que son demasiado débiles para sobrevivir y mueren en silencio. Lo cual también es correcto).

Pero tal vez te preguntes si no estamos ya empachados de las soluciones modernas a este problema. Tenemos un sinfín de almacenajes externos y de sistemas de recuperación para ayudar a nuestro cerebro, todos ellos mucho más inteligentes que la típica bandeja de oficina. Hoy en día, casi todos los seres humanos utilizan la tecnología para complementar su capacidad cognitiva: organizamos nuestros días con aplicaciones de calendarios, listas de tareas y asistentes inteligentes, accedemos a la información a través de buscadores en vez de usar la memoria y nos comunicamos y colaboramos con otras personas mediante sofisticadas herramientas asincrónicas.

---

* N. de la T.: Recipiente cilíndrico de poca profundidad que utilizan en los laboratorios para hacer cultivos y estudiar los microorganismos.

Por supuesto. Y estas herramientas tecnológicas se desarrollaron con la finalidad de asistirnos en nuestros procesos mentales y de pensamiento, como lo fue la escritura hace muchos miles de años.

Sin embargo, la pantalla, a diferencia de la página, se ha vuelto en nuestra contra. Nuestras deslumbrantes y novedosas herramientas tecnológicas nos sabotean en la misma medida que nos dan servicio. Los diferentes sonidos de alertas del móvil que nos recuerdan algo en nuestro calendario o nos avisan de que hemos recibido un mensaje nuevo en Slack interrumpen lo que Cal Newport denomina el «trabajo profundo» que estamos deseando realizar realmente, ese trabajo del que querían liberarnos los que crearon esas aplicaciones.[3]

En realidad, la mayoría no necesitamos un bip o un ring para que nos avise; somos perfectamente capaces de interrumpirnos múltiples veces en una hora para mirar la pantalla. Más adelante ampliaré la información sobre la atención, pues es un tema muy importante, pero por el momento vale la pena recordar que la antigua práctica de escribir sobre papel puede ser una tecnología más benevolente para los humanos que algunos de sus rivales más deslumbrantes y «avanzados»: tiene todos los beneficios de un disco duro externo sin ninguno de los efectos secundarios de una tecnología que cada segundo intenta sacar partido de nuestra atención.

Unificar el/los cerebro(s)

Hablamos del «cerebro» como si fuera una sola entidad, pero es evidente que no lo es. El psicólogo Steve Peters, en su libro *La paradoja del chimpancé*,[4] se hizo famoso por simplificar su abrumadora complejidad al identificar tres funciones principales:

El humano: la zona frontal del cerebro, principalmente consciente, curiosa, racional y empática, la que busca sentido y propósito y que nos gusta pensar que es la que siempre está al mando.

El chimpancé: la zona más primitiva, denominada límbica, que se guía por la emoción y el instinto, reactiva, codiciosa y perezosa, capaz de actuar con mucha más rapidez que el cerebro humano.

El ordenador: en la zona parietal, almacena las creencias y conductas que surgen de la interrelación entre esos dos sistemas en nuestra experiencia vivida, a la que podemos acceder tanto a través de nuestro cerebro de chimpancé como de humano, y que se puede programar deliberadamente mediante el hábito para que nos ayude a tomar mejores decisiones.

En la práctica, lo que significa es que nuestros primeros pensamientos no suelen ser los más útiles. El chimpancé, impulsado a la respuesta emocional e hiperconsciente de las señales negativas, como el miedo, la ira y la vergüenza, suele reaccionar antes que el humano. Y aunque el humano pueda irrumpir para regular la respuesta límbica, necesita tiempo y esfuerzo, y muchas veces, el daño ya está hecho.

Con frecuencia, nuestro chimpancé nos sabotea con nuestro diálogo interior negativo: nos descontrolamos cuando nos sentimos amenazados; cuando tenemos miedo, nos autoconvencemos de que no podemos hacer algo; aplazamos un trabajo importante urgente; cuando estamos bajo presión, somos caóticos.

No podemos deshacernos de nuestros chimpancés, ni del miedo, ni de los pensamientos negativos que los acompañan, pero podemos aprender a tratarlos.

Según la neurología, la escritura exploratoria puede crear una conexión entre las zonas límbica (chimpancé) y racional (humano) del cerebro; nos ayuda a salir del estado de máxima ansiedad y pasar a otro en el que podamos razonar con mayor eficacia. Esto es lo que descubrí a las tres de la madrugada hace un montón de años, cuando me puse a escribir para afrontar la respuesta de lucha o huida y conseguí pasar a un estado más productivo, sereno y creativo.

Angela Duckworth nos proporciona una interesante visión de esta interacción entre las distintas áreas cerebrales en su informe de la conversación que mantuvo con el neurocientífico de Colorado, Steve Maier, en la que le pidió que explicara la «neurobiología de la esperanza».

Steve se quedó pensativo un momento. «Aquí tienes la explicación en unas pocas frases. En el cerebro, tienes muchos lugares que responden a experiencias aversivas. Como la amígdala [...] Ahora bien, lo que sucede es que estas estructuras límbicas son reguladas por zonas del cerebro de orden superior, como el córtex prefrontal. De ahí que si estás haciendo una evaluación o albergas un pensamiento o una creencia (como quieras llamarlo) que te dice: "Espera un momento, ¡puedo hacer algo al respecto" o "¡Esto no está tan mal!" o cualquier otra cosa, se activan estas estructuras inhibitorias del córtex. Te envían el mensaje de: "Tranquilizaos ahí abajo. Se puede hacer algo"».[5]

Escribir, a diferencia de pensar, nos aporta el tiempo y el espacio que necesitamos para dejar que estas áreas superiores del cerebro hagan su trabajo y regulen a nuestro aterrado chimpancé, lo que hará que tengamos más esperanza y seamos más felices.

La elaboración instintiva

¿Qué comiste ayer al mediodía?

Durante unos nanosegundos, has tenido que dejar de leer porque esta pregunta ha secuestrado tu cerebro. Acabas de malgastar una pequeña parte de tu vida, que no recuperarás jamás, recordando el almuerzo de ayer. ¿Por qué? Por un fascinante reflejo mental conocido como «elaboración instintiva».[6]

Cuando nos hacen una pregunta, nuestro cerebro automáticamente busca respuestas. Puede ser una buena pregunta o una mala y sin sentido: la elaboración instintiva no distingue entre ambas. La mayoría de las veces apenas somos conscientes de las preguntas que nos hacemos constantemente; la escritura exploratoria las hace más visibles, lo que a su vez nos ayuda a ser más inteligentes respecto a ellas. Y esto es importante porque las preguntas tontas generan respuestas tontas.

Si te planteas una pregunta como: «¿Por qué soy tan desordenada?», obtendrás muchas respuestas y todas ellas, probablemente, serán más o menos útiles.

Si te planteas una pregunta más inteligente, como: «¿Qué podría hacer hoy para ser mas ordenada?», *entonces* llegarás a alguna parte. Este principio es un puntal esencial de la escritura exploratoria porque cuando tus pensamientos dan vueltas inútilmente, puedes secuestrar tu cerebro simplemente escribiendo una buena pregunta como motor de arranque para iniciar una sesión de escritura.

Una vez, estaba en un curso de entrenamiento para perros de caza con nuestra dispersa perra Sorcha, un cruce de *springer spaniel* con *border collie*, y una de las lecciones era la de cobrar la presa. El instructor estaba de pie a lo lejos con el muñeco que tenía que cobrar y lo tiró al suelo. Yo tenía que agacharme al lado de Sorcha y señalarle con mi brazo la dirección que tenía que tomar para encontrar la presa. Cuando estaba segura de que estaba bien alineada, la soltaba diciéndole «¡ve a buscarla!» y la observaba mientras se dirigía al lugar. (Conseguir que volviera fue un poco más difícil, pero esto no tiene nada que ver con esta metáfora). Lo que quiero decir es que una buena pregunta de arranque, cuando se ha elegido conscientemente y se ha escrito al principio de la página de papel, actúa de forma similar: alinea correctamente tu cerebro disperso y lo dirige en la dirección de las respuestas útiles. Al fin y al cabo, si hemos de tener reflejos mentales, también vamos a usarlos, ¿no te parece?

El cerebro narrador

Del mismo modo que no solemos ser conscientes de las preguntas que nos hacemos en la privacidad de nuestra propia mente, tampoco lo somos de las historias que nos contamos. Tendemos a pensar que la narrativa es exclusiva de los novelistas y guionistas, pero, en esencia, todos somos narradores natos. La única forma en que podemos procesar nuestra experiencia y dar sentido, consciente o inconscientemente, es a través de las historias. Nos contamos historias desde el momento en que nos despertamos hasta que nos acostamos, e incluso después de eso, estamos tan condicionados a procesar el mundo a través de la narración que seguimos haciéndolo durante el sueño (*soñar* es otra palabra para «contar historias involuntariamente»).

En este preciso momento tu cerebro está ocupado leyendo esto y siguiendo mi argumento (eso espero). Pero si dejaras este libro y te fueras a preparar una taza de té (pruébalo, sabes que deseas hacerlo), te darás cuenta de que tu cerebro vuelve automáticamente a su modo por defecto: charlar consigo mismo, contarse historias más o menos coherentes. El «yo autobiográfico» toma las riendas cuando no tiene nada mejor que hacer.[7] Gracias a las historias ensayamos los acontecimientos de la vida e integramos el aprendizaje. Los relatos nos permiten almacenar más cosas al crear senderos neuronales más complejos (en 1969, un estudio demostró que cuando escuchamos algo en forma de narración en vez de como un simple listado, nuestra capacidad para recordar a largo plazo se multiplica por siete).[8] Las historias son mapas que nos permiten navegar por el mundo; sencillamente, no podemos funcionar sin ellas.

Pero los relatos también pueden llegar a ser problemáticos, porque empezamos a creernos las historias que nos contamos, a confundirlas con el mundo real. Queremos ver patrones, crear certeza. Cuando nuestro cerebro emocional toma una decisión, nuestro cerebro racional se apresura a darle sentido creando una historia que encaje, y a eso es a lo que llamamos «verdad».

Es como el viejo chiste de los peces:

Hay dos peces jovencitos nadando juntos y se cruzan con uno más mayor que nada en dirección contraria, los saluda con la cabeza y les dice: «Buenos días, chicos. ¿Cómo está el agua?». Y los jovencitos nadan un poco más, hasta que al final uno de ellos mira al otro y le pregunta: «¿Qué diablos es el agua?».[9]

Aquí estamos, en compañía de nuestros cerebros parlanchines y narradores, con pensamientos que pasan sin detenerse, a la velocidad del pensamiento. Esa es nuestra agua. Ese parloteo, esas historias, de las que no somos conscientes la mayor parte del tiempo, y cuando lo somos, las damos por ciertas. «Esto es lo que está sucediendo —nos decimos—. El mundo es así».

Pero, como es natural, nuestro único acceso al mundo es a través de nuestra percepción y de nuestros pensamientos. Pregunta a dos personas sobre la misma cosa y tendrás dos versiones muy distintas. En tal situación serías un observador que podría evaluar la «verdad» relativa de dichas historias, comprender por qué cada persona respondió como lo hizo, tal vez ver ambos casos. Pero no somos observadores imparciales de nuestra propia experiencia.

La escritura exploratoria nos permite salir del agua por un momento y observar nuestros propios pensamientos y percepciones, verlos tal como son: solo una forma de entender el mundo. Según Michael Neill: «Creemos que estamos experimentando la realidad, cuando en verdad lo que experimentamos es nuestro pensamiento».[10]

La escritura exploratoria también puede ayudarnos a dar visibilidad a nuestras historias, que es el primer paso para decidir si nos son de utilidad o no. También nos permite considerar historias nuevas, que nos dejan entrever otras posibilidades, otras opciones que podríamos elegir y que podrían conducirnos a diferentes resultados. Del mismo modo que un novelista crea mundos ficticios, también podemos crear futuros posibles para nosotros sobre el papel, y eso bastará para transformar nuestro estado mental porque se traduce en acción.

Es imposible abordar toda la información que existe sobre la escritura y la neurología en un solo capítulo. Pero espero que esta breve introducción te haya convencido de que la escritura exploratoria puede tener una gran repercusión en nuestra forma de experimentar las cosas y que ya estés listo para iniciar tu propia exploración. Antes de seguir avanzando, veamos la actitud mental y el kit básico que necesitaremos para empezar.

Capítulo 3

Conviértete en explorador

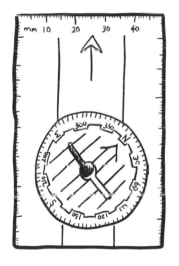

Cualquier explorador ha de prepararse antes de emprender una expedición. Estamos de acuerdo: para manejar una página en blanco no necesitas demasiado equipo especializado o apoyo logístico. Pero como sucede con cualquier tipo de aventura, lo más importante de todo es prepararte mentalmente para el reto que has de afrontar.

La mentalidad del explorador

Cuando te sientas a escribir en el transcurso normal de tu día laboral, no sueles estar en modo explorador. Normalmente, tienes una idea bastante clara de lo que quieres decir antes de empezar a escribir y te centras en cómo comunicarlo claramente y de la mejor manera posible para obtener la respuesta deseada.

Es como si estuvieras en la línea de salida para una carrera: sabes exactamente lo que tienes que hacer, tienes marcado el recorrido delante de ti y tu misión es completarla con la mayor eficacia y eficiencia posible. Si puedes conseguir una medalla metafórica, tanto mejor.

No obstante, cuando te sientas para hacer escritura exploratoria la mentalidad de carrera no sirve de nada. No conoces la ruta, y esa es justamente la razón de la exploración. Este tipo de escritura no se basa en el rendimiento, sino en el descubrimiento.

Muchas personas han intentado identificar exactamente en qué consiste la mentalidad del explorador; no obstante, existe un consenso general sobre algunos principios clave: la curiosidad, la humildad, la adaptabilidad y el sentido del humor.

Estos principios son de vital importancia si vas a hacer una ruta por el Ártico en plena tormenta de nieve, pero son igualmente útiles para retos más cercanos: manejar un conflicto interpersonal en tu trabajo, por ejemplo, o intentar planificar una nueva aventura. Y también son útiles en la expedición metafórica que es la escritura exploratoria.

Veamos cada uno por separado.

La curiosidad

Si hay una característica básica que defina a un explorador, sin lugar a dudas, es la curiosidad. Tanto si se dice «me pregunto qué habrá al otro lado de esta montaña» como «me pregunto si la Tierra es plana» o «me pregunto si tengo las agallas que hacen falta para ir al Polo Norte con patines sobre ruedas», la curiosidad es la fuerza motriz que impulsa al explorador a tomar la decisión de salir a explorar.

Pero la curiosidad hace mucho más que limitarse a ser lo que nos incita a ponernos en marcha: también es lo que nos permite contemplar los cambios inherentes en la exploración sin salir corriendo gritando.

Nos confiere lo que Grace Marshall llama una «mejor forma de ver».

El miedo dice: «¡Mierda! ¡Algo está pasando!».
La curiosidad dice: «¡Oh! ¡Algo está pasando!».
El miedo dice: «Peligro».
La curiosidad dice: «¡Es interesante!».
El miedo dice: «No vayas».
La curiosidad dice: «Vamos a verlo más de cerca».[1]

La mayor parte de la creatividad empieza con la curiosidad, y la escritura exploratoria nos proporciona un espacio donde poder ejercitarla diariamente a pequeña escala. Porque la página es un espacio seguro, las expectativas son bajas y no supone riesgo alguno para tu vida, tus miembros o tu reputación, al contrario, facilita que la curiosidad más beneficiosa tome el control y traduzca la respuesta paralizante del miedo en una exploración que expandirá tu mundo y te ayudará a descubrir hechos.

La humildad

Es el pilar del aprendizaje: la voluntad de albergar la posibilidad de que puedes estar equivocado, de que puede haber una forma mejor de hacer las cosas. La paradoja es que es un signo de confianza en ti mismo: son las personas más inseguras las que más se resisten a la idea de estar equivocadas. Sentirte cómodo con la idea de estar equivocado es la esencia de lo que la psicóloga Carol Dweck popularizó como «mentalidad de crecimiento»: para las personas con una mentalidad cerrada las críticas y el éxito ajeno suponen una amenaza, pero para alguien con mentalidad de crecimiento ambas cosas son una oportunidad para aprender.[2]

La humildad se está convirtiendo en una cualidad cada vez más importante para los grandes empresarios, porque debido a la complejidad y el ritmo de cambio del mundo moderno nadie puede tener siempre todas las respuestas. Tener la suficiente humildad como para no aferrarte a tus convicciones y buscar la opinión de los demás no solo es esencial para el éxito sino también para la supervivencia. Ver la escritura exploratoria con humildad significa estar dispuesto a explorar otras formas de contemplar la situación y a aprender de los demás, aunque no te gusten demasiado.

Edgar Schein acuñó la expresión *preguntar con humildad*, que es el arte de hacer preguntas para las que no tienes respuesta, con la finalidad de incitar a conversar y forjar una relación con otra persona.[3] Es una estrategia probada para un liderazgo más eficaz y una mejor toma de decisiones. En la escritura exploratoria, el «otro» eres tú, pero el principio es el mismo: la humildad es lo que permite a los exploradores aceptar que la realidad puede no coincidir con lo que habían imaginado, y que puede que tengan que cambiar sus planes e incluso su visión del mundo como respuesta a lo que han descubierto.

La adaptabilidad

Desde los albores de la humanidad, una de las características generales de las expediciones es que ninguna ha salido según lo previsto. Tampoco es de extrañar: casi por definición no puede haber planes en firme cuando el territorio que tenemos por delante es desconocido. Así que mientras los exploradores se preparan con el máximo rigor posible, también tienen que aceptar que en algún momento les sucederá algo imprevisto y que tendrán que adaptarse como sea.

Cuando Ernest Shackelton tuvo claro que su barco Endurance estaba a punto de ser engullido por el hielo, transformó su misión de exploración en una de rescate y centró todos sus esfuerzos en conseguir que toda la tripulación y él mismo regresaran con vida. El día que tuvieron que abandonar el barco y acampar sobre el hielo, escribió en su diario: «Un hombre ha de saber adaptarse a una nueva meta cuando se queda sin la que tenía».[4] Si hubiera malgastado su energía maldiciendo su suerte o intentando salvaguardar su plan original, en modo alguno habría logrado su extraordinaria hazaña fruto de la improvisación, adaptabilidad y resiliencia, que los devolvió a todos con vida a casa.

Comprometerse a cambiar de planes es un paso importante, especialmente si ello implica convencer a otras personas para que participen. La escritura exploratoria nos confiere un potencial ilimitado para formular, probar y depurar posibles planes alternativos sin consecuencias. También nos permite desarrollar los argumentos que necesitaremos para convencer a los demás de que vale la pena tomar esta nueva ruta.

El sentido del humor

Puede que de entrada no se te ocurra pensar que el sentido del humor es una característica arquetípica de los exploradores: exponer tu rostro a una tormenta de nieve suena bastante lúgubre. Pero si un grupo de personas han de pasar mucho tiempo juntas en circunstancias difíciles, el sentido del humor es importante para que no terminen matándose unas a otras (Roald Amunsen escribió en su diario, en 1911, que su indómito y alegre cocinero Adolf Lindstrom «prestó el mejor y más valioso servicio que podía dar un hombre a la expedición polar noruega»[5]). Incluso para los exploradores solitarios de la página, el sentido del humor es una herramienta útil cuando las cosas se ponen difíciles o no salen según lo previsto (véase «La adaptabilidad»). Ser capaces de ver con sentido del humor una situación, por grave que sea, reduce nuestra percepción del estrés. El sentido del humor también nos conduce a un estado más creativo y lúdico, donde es más probable que encontremos soluciones e ideas nuevas. Uno de los grandes beneficios de la exploración en solitario es que no has de preocuparte por ofender a nadie con risitas inapropiadas. Así que cuando inicies tu aventura de escritura exploratoria, tómate la libertad de reconocer y aceptar el absurdo o el humor negro cuando te surja, siempre y cuando sea útil (como sucede con cualquier tipo de humor, cuando se vuelve cruel, deja de ser divertido).

Cuando inicies tu viaje de exploración, recuerda los principios de la curiosidad, la humildad, la adaptabilidad y el sentido del humor. Si eliges adoptarlos conscientemente desde el principio, con el tiempo, se convertirán en habituales. Y eso puede suponer una gran diferencia no solo en tus escritos, sino también en tu vida.

El kit de herramientas del explorador

Además de equiparte metafóricamente con la actitud mental correcta, también hay algunos artículos más literales que debes reunir antes de comenzar tu aventura y algunas instrucciones que debes tener en cuenta.

«Espera un momento —estarás pensando—, creía que la base de la escritura exploratoria era que solo necesitabas papel y lápiz, y que es imposible hacerlo mal. Entonces, ¿por qué necesito una lista de equipamiento e instrucciones?».

La respuesta a tu reflexión es «sí», en cierto sentido, la escritura exploratoria no es complicada. No hay una forma «correcta» o «incorrecta» de practicarla. Pero *hay* algunas herramientas e ideas útiles y algunas habilidades esenciales que harán que tu práctica no solo sea más útil, sino también más divertida.

Del mismo modo que no irías a una expedición sin artículos básicos, como un botiquín, un saco de dormir, una tienda, unas botas, mantequilla de cacahuete (puede que esto último solo sea imprescindible para mí), también hay algunas cosas de las que no puedes prescindir en la escritura exploratoria. Y no son precisamente material especializado...

¿Qué te hace falta?

- Un bolígrafo o un lápiz.
- Un cuaderno de papel reciclado de rayas (más sobre esto más adelante).

- Un lugar cómodo para escribir.
- Algo con lo que controlar el tiempo.
- Nada de distracciones (de otras personas o dispositivos) durante ese tiempo.

¿Qué más te gustaría tener a mano?

- Un cuaderno bonito para plasmar las reflexiones/acciones de una forma más presentable.
- Café y, tal vez, una galleta.

¿Cuándo lo vas a hacer?

Cuando te dé la real gana. A primera hora de la mañana está bien, principalmente porque te ayuda a focalizar tu día antes de que todo el mundo intente tener un cachito de ti. Por la tarde noche es otro buen momento porque te sirve para reflexionar sobre las experiencias del día y procesarlas. Pero siempre que sientas que necesitas espacio y aclarar tu mente también es un buen momento.

¿Durante cuánto tiempo has de practicar?

Esta es una muy buena pregunta. Por una parte, la respuesta es similar a la de *cuándo* debes hacerlo: simplemente, todo el tiempo que te apetezca. No todas las sesiones de escritura exploratoria han de tener un tiempo establecido. Pero me he dado cuenta de que limitar el tiempo puede ser útil; a mí me ayuda a concentrar mi atención y a escribir más deprisa, y la velocidad es una de las mejores formas de atravesar la barrera invisible entre lo que sabemos que sabemos y lo que no sabemos que sabemos. En mi caso, seis minutos es el tiempo que puedo mantener un *sprint* de escritura libre; con ello me refiero a escribir a la velocidad del pensamiento sin parar, antes de que mi energía o mi mano decaigan.

Inicié mi práctica de escritura exploratoria con la meta de escribir diez minutos y me di cuenta de que la mayor parte de las veces no podía llegar a ese tiempo. Diez minutos me parecía mucho tiempo para restárselo a un día ocupado.

Así que lo reduje a cinco minutos: «No importa lo ocupada que estés, Alison, puedes dedicar cinco minutos». Y la mayor parte de los días podía. No solo eso, sino que esa breve escala de tiempo me ayudaba a concentrarme, a escribir más deprisa y, por consiguiente, con más libertad. El problema es que la mayoría de las personas necesita dos o tres minutos para ponerse en marcha con la escritura exploratoria, lo que significa que si tu sesión dura solo cinco minutos, en realidad solo te quedan dos o tres minutos para lo bueno. (En este aspecto, considero que la escritura es como correr: los primeros minutos siempre son terribles).

Entonces, leí el libro de Gillie Bolton, *Reflective Practice: Writing and Professional Development* [Práctica reflexiva: la escritura y el desarrollo profesional],[6] donde la autora recomienda seis minutos como tiempo de *sprint* óptimo, y cuando lo probé me convencí. Seis minutos parecen tan viables como cinco, pero tienes todo un minuto extra para la parte buena. Es una inversión adicional de sesenta segundos de alto rendimiento.

De modo que aunque esto dependa totalmente de ti, te recomiendo que empieces poniéndote una alarma a los seis minutos. Si cuando suene te apetece seguir, estupendo. Pero no estás obligado a hacerlo.

¿Con qué frecuencia he de hacerlo?

De nuevo, es tentador decir que las veces que te apetezca. Pero te voy a exponer un argumento que tiene que ver con la coherencia. Voy a correr todos los días. La mayor parte del tiempo no voy muy lejos y nunca corro muy deprisa. Pero hasta que he escrito esto, en julio de 2022, he corrido a diario, durante más de mil quinientos días, y no me planteo dejar de hacerlo hasta que las circunstancias me obliguen a ello (como inevitablemente sucederá algún día). Hasta entonces, tengo la inquebrantable costumbre diaria de correr, que me hace más feliz y me ayuda a estar más sana (y que mi perra adora incluso más que yo).

Hacer algo todos los días se conoce como *streaking*.*
(Esto no tiene nada de ver con llevar —o no llevar— ropa. Es

---

* N. de la T.: Literalmente, 'racha', 'serie', y en *slang* 'correr desnudo' (en referencia a los espontáneos que se lanzan sin ropa a las canchas deportivas en mitad de algún encuentro; de ahí el guiño de la autora), pero es también el nombre de la aplicación Streaks, que sirve para crear hábitos.

un tipo de *streaking* totalmente distinto, y este no es de ese tipo de libros). Tengo una serie de *streaks*: hábitos que realizo conscientemente a diario. Cada uno refleja un aspecto de la persona que quiero ser, física, mental, social y espiritualmente, y ninguno de ellos me lleva demasiado tiempo; de lo contrario, no podría mantenerlos a largo plazo.

Gracias a la extensa bibliografía existente sobre investigaciones psicológicas, como el trabajo de B. J. Fogg sobre los «hábitos mínimos»[7] y el de James Clear sobre los «hábitos atómicos»,[8] sabemos que, para la mayoría de las personas, este enfoque de incorporar pequeños cambios a través de hábitos regulares es la mejor forma de transformar nuestra vida para mejor y de mantener esa transformación.

Una vez que me hube comprometido con mi hábito de correr, me sucedió algo muy interesante: en vez de preguntarme «¿voy a ir a correr hoy?», a lo cual la respuesta más habitual en el pasado hubiera sido «nooo, no tengo ganas», la pregunta que empecé a hacerme era «¿CUÁNDO voy a ir a correr hoy?». Esta es una decisión muy diferente. Nos exige algo de planificación ligera, pero no la pesada maquinaria de la fuerza de voluntad. Puesto que estoy haciendo *streaking*, me he comprometido, y este compromiso previo es una de las herramientas más astutas de nuestro kit psicológico en lo que respecta a hacer las cosas.

Si piensas que te puede ser útil, te recomiendo que experimentes con un *streak* de escritura exploratoria. Asegúrate de que tienes alguna forma de anotarlo (Jerry

Seinfeld tacha con una cruz cada día de su calendario de pared, y yo uso la aplicación Streaks; tú haz lo que te vaya mejor). La cuestión es que ver una hilera ininterrumpida de días ayuda a motivarte para no romper la cadena.

¿Por qué un cuaderno de papel reciclado de rayas? Tengo un montón de cuadernos muy bonitos...

Me encantan los cuadernos. Tengo varios en mis estanterías que son demasiado bonitos como para escribir algo en ellos: nunca tendré un pensamiento lo bastante profundo o podré escribir con suficiente pulcritud como para no echar a perder sus prístinas páginas. Nadie necesita este tipo de presión. La escritura exploratoria es burda, caótica y sincera, y cuando empiezas has de asegurarte de que nadie más va a verlo.

Para mí, el mejor vehículo para la escritura exploratoria es un cuaderno de papel reciclado de rayas DIN-A4. Es barato. No te intimida, es temporal, sin pretensiones y conecta el cuerpo y la mente como jamás podría llegar a hacerlo un teclado de ordenador.

Así que un gran «sí» a los cuadernos bonitos, pero guárdalos para escribir reflexiones pulidas y procesadas que surjan de tu escritura exploratoria, más que para la práctica de esta. (Hablaré más sobre este tema en el capítulo catorce).

Y esto es todo. No es una lista pesada y cara, ni tampoco te exige demasiado en lo que a tiempo o experiencia técnica se refiere. Aunque veas que un día en concreto tu sesión de escritura exploratoria ha quedado en un intento fallido, lo único que habrás perdido habrán sido seis minutos y un par de hojas de papel.

Para terminar esta sección introductoria, en el siguiente capítulo, quisiera dedicar unos momentos a centrarme más específicamente en el mundo laboral y por qué creo que la escritura exploratoria es una herramienta tan poderosa para nuestros intentos de superar los retos a los que nos hemos de enfrentar en nuestra empresa.

Capítulo 4

La escritura exploratoria y la crisis laboral

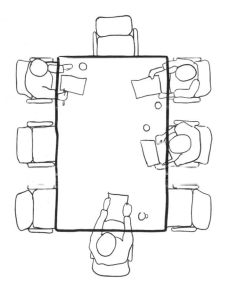

*I*ntentar trazar una línea artificial entre la vida personal y el trabajo no tiene mucho sentido, pero vale la pena prestar especial atención a la utilidad que puede tener la escritura exploratoria, dado que el lugar de trabajo, físico o virtual, es:

- donde la mayoría de nosotros pasamos la mayor parte de nuestras horas de vigilia;
- donde tenemos la mayoría de nuestras interacciones diarias con personas con las que no necesariamente elegiríamos pasar nuestro tiempo;
- donde más nos interesa aparentar que es nuestro cerebro humano el que controla;
- donde actualmente estamos experimentando una crisis de bienestar y compromiso sin precedentes.

Tal vez te parezca que *crisis* es una palabra un poco fuerte, pero cuesta creer que durante la semana laboral todo es de color de rosa.

Para empezar, tenemos «La Gran Dimisión», expresión acuñada por el profesor Anthony Klotz, en 2021, para referirse a la epidemia de personas que dejaron sus trabajos justo después de la pandemia del covid.[1] Quizás porque descubrieron que preferían vivir sin tener que desplazarse al trabajo ni aguantar las políticas empresariales, tal vez porque tuvieron tiempo y espacio para reflexionar sobre las grandes preguntas de la vida y decidieron que su trabajo no coincidía con sus valores y su propósito más elevados, quizás porque la crisis de la escalada del coste de vida hizo que no les resultara rentable conducir hasta su puesto de trabajo o tal vez por alguna otra razón totalmente distinta.

Además, está el hecho de que solo una pequeña parte de los trabajadores se implica activamente en su trabajo

(Gallup calculó durante la primera mitad de 2021 que esa proporción era del veinte por ciento a nivel mundial, y lleva años con esa estimación[2]) y que dedica la mayor parte del día a las redes sociales en lugar de a la estrategia empresarial para los próximos tres años. Aunque intenten concentrarse en el documento de la estrategia, es probable que se distraigan leyendo un correo electrónico de su jefe o respondiendo a una llamada de un compañero de trabajo.

Por no mencionar el incremento constante en la última década de la incidencia del estrés ocupacional,[3] atribuido a la sobrecarga de trabajo y a tener que afrontar los imprevistos y la incertidumbre.

Están apareciendo nuevos temores asociados al ritmo del cambio tecnológico que se suman a los ya existentes vinculados a las relaciones difíciles y al liderazgo y la comunicación deficientes.

Las empresas gastan miles de millones de dólares cada año para tratar estos temas con programas de gestión del cambio, *coaching* para ejecutivos, formación en liderazgo, iniciativas de bienestar, etc. No obstante, como verás en este libro, la escritura exploratoria ofrece beneficios que son especialmente apropiados para estas complejas presiones (beneficios como el compromiso, la resolución de problemas, la resiliencia y la empatía) y por un coste insignificante.

¿No estás convencido? Veamos tres ejemplos muy prácticos de cómo podemos aplicar la escritura exploratoria en nuestro trabajo, y cómo gracias a ella obtendremos resultados extraordinarios a cambio de dedicar una ínfima parte de nuestro tiempo.

El «trabajo invisible» y la colaboración

La mayor parte de lo que hacemos en este momento en nuestro trabajo es totalmente desconocido para la generación predigital. (La madre de mi amiga de la infancia envió una felicitación de Navidad a la mía todos los años hasta que murió. En la última que envió antes de su fallecimiento escribió de una forma muy directa: «Paul y Ailsa están bien, los dos tienen profesiones que yo no entiendo»).

Y mientras antaño el «trabajo cualificado» era solo privilegio de unos pocos especialistas, actualmente incluye a la mayoría de la población. Esto implica que la mayor parte del tiempo que pasamos en nuestra empresa lo dedicamos, bien a intentar dar visibilidad a nuestros pensamientos ante los demás, bien a intentar «ver» lo que los demás quieren visibilizar. John Howkins, en *Invisible Work: The future of the office is in your head* [Trabajo invisible: el futuro de la oficina está en tu cabeza], nos dice que esto no es fácil: «Transmitir una idea a medio terminar es complicado».[4]

Howkins prosigue sugiriendo una forma de conseguirlo basándose en su propia experiencia, cuando trabajó con el director de medios británico Greg Dyke en la creación del Canal 5. Dyke escribía una carta o un memorando y procuraba resumir las complejas dimensiones económicas y técnicas del asunto que tenían entre manos en un comunicado claro; luego un reducido equipo de personas se sentaba para trabajar sobre el mensaje y, en el proceso, entenderlo mejor ellas mismas. Como él dice, «fue una buena forma de sacar a la luz el trabajo invisible».[5]

La escritura exploratoria es una valiosa herramienta en la labor de dar visibilidad a lo invisible, pues crea espacio para que todos los componentes de un equipo «vean» sus ideas con más claridad, antes de pasar a comunicarlas a los demás.

Aquí tienes un ejemplo de una aplicación muy práctica de la escritura exploratoria en el puesto de trabajo: en vez de pasar inmediatamente a la conversación colaborativa, a los miembros del equipo puede resultarles muy útil dedicar unos minutos a escribir para ellos mismos antes de la reunión. ¿Qué es lo que consideran temas clave? ¿Qué es lo que quieren hacer entender a sus compañeros? ¿Qué posibilidades les llaman más la atención?

La incorporación de este paso «preconversacional» es muy probable que facilite el debate en grupo y que haga aflorar dudas e ideas que, de otro modo, tal vez nunca se hubieran llegado a manifestar.

La diversidad y la inclusión

Una de las grandes ventajas de usar la escritura exploratoria en situaciones de trabajo en equipo es que puede ayudar a allanar el terreno: las típicas reuniones y sesiones de lluvia de ideas favorecen a los hablantes del idioma nativo extrovertidos, neurotípicos* y seguros de sí mismos, con tendencia al activismo más que al estilo de aprendizaje reflexivo. Esta clase de participaciones prematuras puede distorsionar y condicionar toda la reunión.

El mero hecho de conceder unos minutos a todo el mundo para que escriba lo que le apetezca, en su propio idioma y de acuerdo con sus preferencias, puede inspirar grandes ideas en todos los participantes. Puede ayudar a englobar la inclusividad y la diversidad en todas las dimensiones, a generar una gama más extensa de ideas que evaluar y a conseguir mayor implicación de aquellos que solían estar confinados a la periferia de la acción.

Veamos el ejemplo práctico del método *pre mortem*,[6] una expresión creada por el psicólogo Gary Klein y popularizada por el premio nobel Daniel Kahneman, sobre cómo se puede usar la escritura exploratoria de este modo más inclusivo. Un *post mortem* es útil para entender la causa de la muerte, pero es demasiado tarde para el objeto estudiado; un *pre mortem* invita a los participantes a jugar a un juego. Supongamos que el proyecto ha fracasado: ¿cuál puede haber sido la causa? Esto es totalmente hipotético, no peligra ninguna reputación, nadie se deja la piel en el juego, así que es fácil para los participantes plantear asuntos que les preocupan, que de otro modo hubieran

---

* N. de la T.: Concepto que se utiliza en psicología y que se refiere a todas las personas que han tenido un desarrollo neural que no presenta ninguna alteración (como autismo, trastorno por déficit de atención, etc.).

callado. Un breve *sprint* de escritura exploratoria les ayuda a trascender sus ideas inmediatas para descubrir temas potenciales no tan obvios, que a menudo son los más delicados, por supuesto. Esto también permite que cada persona pueda aportar sus reflexiones y experiencia únicas al tema que se está tratando en lugar de escuchar solo a los que hablan más alto y tienen sus opiniones más a punto.

El bienestar laboral

El bienestar de los empleados es un tema candente para los directivos, en particular por el impacto que tiene en las organizaciones. Un informe prepandemia que encargó el Gobierno de Reino Unido, en 2017, reveló que «pese a que hay más trabajadores que nunca con problemas de salud mental, trescientas mil personas con problemas mentales crónicos pierden sus empleos cada año, y a un ritmo mucho más rápido que los que tienen problemas de salud físicos [...] [y] alrededor de un quince por ciento de los empleados tienen síntomas de algún problema mental», y se estima que el coste anual para los empresarios británicos será entre algo más de treinta y siete mil millones y cuarenta y siete mil millones de euros.[7] Esta situación no ha mejorado con el covid. Con una de cada cuatro personas con un problema de salud mental cada año, según la organización benéfica británica Mind,[8] es evidente que los líderes tendrán que tomarse muy en serio el bienestar de sus empleados, no solo para demostrar que son buenas personas, sino porque si no lo hacen puede salirles muy caro.

En el capítulo once hablaré con más detalle sobre cómo la escritura exploratoria puede favorecer el bienestar laboral, pero por el momento creo que vale la pena destacar que, en ese informe de 2017, las recomendaciones para los empleados incluyen «fomentar conversaciones abiertas» sobre la salud mental. Es evidente que la escritura exploratoria podría desempeñar algún papel en facilitar esa comunicación abierta y reflexiva al aportar un espacio seguro donde empezar a expresar cosas que cuesta decir en voz alta.

Segunda parte

Aventuras en-página y fuera-de-pista

A estas alturas espero que ya te hayas embarcado en la expedición, que entiendas por qué vale la pena que le dediques parte de tu tiempo y tu esfuerzo, que hayas adoptado la mentalidad del explorador y que estés listo con tu kit básico.

Ha llegado el momento de que inicies tus aventuras en la escritura exploratoria. En esta sección presentaré algunas de las direcciones que puedes tomar (una serie de aventuras que puedes vivir en la página). A continuación expongo lo que veremos en cada capítulo.

Capítulo 5:   los tres principios interconectados de la acción, intención y atención, a través de los cuales hacemos cualquier cosa que tenga importancia.

Capítulo 6: *sensemaking*, nuestra construcción-narrativa constante, aunque a menudo inconsciente.

Capítulo 7: indagación, una forma más focalizada de utilizar preguntas.

Capítulo 8: sentido lúdico, la base de la creatividad.

Capítulo 9: transformación, el extraordinario poder de la metáfora, que nos ayuda a ver las cosas de otro modo.

Capítulo 10: autoconocimiento, sentirnos cómodos con aquellos aspectos de nosotros mismos que procuramos olvidar.

Capítulo 11: bienestar, cómo podemos aumentar nuestros recursos para afrontar los retos diarios.

Explora a tu propio ritmo y empieza por donde quieras. En la mayoría de los capítulos de esta sección, encontrarás motores de arranque para tu aventura de escritura exploratoria marcada con una página en blanco como esta. (Pero solo son sugerencias; si quieres usar otro motor de arranque diferente o ir en otra dirección, ¡adelante!).

Capítulo 5

Aventuras en la acción, la intención y la atención

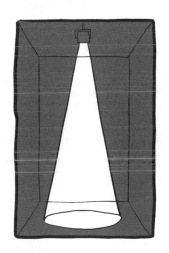

$\mathcal{E}$n el capítulo dos hemos visto la base neurológica para tomarnos la escritura exploratoria en serio o, si lo prefieres, por qué funciona. Aquí, cuando empecemos a buscar aplicaciones específicas de este tipo de escritura lo haremos trasladando nuestra atención desde el *hardware*

del cerebro hasta el *software* de la mente: la psicología y la filosofía. O dicho de otro modo, por qué importa.

Creo que existen tres principios básicos interconectados que son la razón de la magia de la escritura exploratoria: la acción, la intención y la atención. Al igual que todos los términos psicológicos y filosóficos, están sujetos a un acalorado debate, pero para la labor que aquí nos concierne los describiré como sigue:

Acción = capacidad para hacer que las cosas pasen, para producir un efecto en el mundo.

Intención = elegir deliberadamente, entre el millón de cosas diferentes que PODRÍAS hacer que sucedieran hoy o en toda tu vida, qué es lo que vas a intentar.

Atención = concentrar, de una manera coherente y persistente, tu mente y tu energía en la prioridad que has elegido, para hacer que suceda.

Estos principios son inevitablemente interdependientes: si creemos que tenemos capacidad de acción, podemos dirigir nuestra intención a decidir qué es lo que vamos a hacer. Esto significa que es más probable que lo consigamos mediante la atención constante, a pesar de las semanas, meses o incluso años que podamos tardar.

Si no creemos en nuestra propia capacidad de acción, nunca intentaremos nada importante. Si no dirigimos nuestra intención hacia la tarea de elegir, iremos a la deriva por la vida. Y si no podemos reconducir nuestra atención hacia la tarea que hemos elegido, no la veremos terminada. La interacción entre estos tres principios crea un círculo vicioso, puesto que solo veremos resultados si concentramos nuestra atención en las metas que hemos elegido perseguir, y eso, a su vez, aumentará nuestra capacidad de acción.

Los llamo principios básicos porque sin ellos es imposible que podamos lograr algo de verdadero valor.

Veamos cada uno de ellos por separado, a fin de entender cómo puede ayudarnos la escritura exploratoria.

La acción

En el capítulo dos hemos visto que escribir nos permite ver nuestras propias historias. Poner distancia entre nosotros y nuestros pensamientos nos permite eficazmente tener algún tipo de control sobre ellos: podemos observar nuestros propios relatos, evaluarlos e imaginar otras posibilidades, podemos tomar decisiones respecto a qué aceptar y qué rechazar, podemos experimentar con nuestros pensamientos.

La mayor parte de lo que nos sucede cada día está fuera de nuestro control, desde la conducta de los demás hasta el clima o la crisis del coste de la vida. Aunque no nos encontremos atrapados en circunstancias ante las que no podemos hacer nada, como la enfermedad, la pobreza, los abusos o la discriminación, la mayoría, durante la mayor parte de nuestro tiempo, nos sentimos más o menos impotentes, que es un estado que nos consume el alma. La escritura exploratoria nos permite transformar la página en un pequeño espacio, aunque infinito a la vez, totalmente controlable: no tenemos que responder a nadie; no estamos limitados por ninguna realidad, salvo que lo elijamos; podemos seguir cualquier pensamiento que acapare nuestra imaginación e imaginar cualquier estado que deseemos. Tal vez, en estos momentos, no te sientas capaz de ponerte en pie delante de una sala llena de gente y hacer una presentación, pero puedes escribir sobre ello, y como autor de esa experiencia puedes visualizarla de la misma manera que un atleta olímpico visualiza que cruza la línea de llegada.

Hace décadas que los entrenadores deportivos utilizan técnicas de visualización: cuando un atleta ensaya mentalmente el resultado que desea conseguir, este entrenamiento desencadena una actividad cerebral similar a la propia experiencia. La visualización crea un nuevo sendero neuronal, que prepara al atleta para actuar de acuerdo con ese resultado, lo cual, a su vez, hace que sea más probable que consiga su meta.[1]

Puede que no estés planeando utilizar esta magia mental para ganar una prueba deportiva en un plazo más o menos corto (al menos ese no es mi caso), pero eso no significa que no puedas usarla en otras áreas de tu vida. Explorar a través de la página cómo sería bordar esa presentación, conseguir ese ascenso o lanzar ese pódcast (cualquier cosa que desees alcanzar y que te parece que no está a tu alcance) puede ayudarte a sentir que es más posible. Y ese sentimiento de acción se traslada rápidamente a tu actitud y tu conducta, lo cual inevitablemente produce mejores resultados.

La escritura exploratoria crea un espacio, en el cual podemos recobrar el sentimiento de control de nuestra experiencia. Megan Hayes lo llama «autoautoría»; explica que «el sentimiento de que podemos hacer que las cosas sucedan es muy poderoso y escribir es una simulación perfecta porque podemos hacer que las cosas sucedan sobre el papel y darles sentido».[2]

Esto puede parecer magia. A menudo, cuando alguien termina su primer *sprint* de escritura exploratoria se me queda mirando (un tanto aturdido) y me dice: «¡No me lo puedo creer!». Es como si se hubiera visto a sí mismo sacando un conejo de la chistera (que, metafóricamente, por supuesto, se parece bastante a lo que en realidad ha hecho).

Las primeras veces que lo intenté hacer por mi cuenta pensé que había tenido suerte, pero cuando ya sobrepasaba la veintena de *sprints* y de todos ellos había surgido algo que valía la pena, empecé a darme cuenta de que estaba creando mi propia suerte. Y eso inspira mucha confianza. Como me ha pasado a mí, tú también empezarás a darte cuenta de que en realidad ya *tienes* las respuestas a las preguntas y las situaciones que te paralizan; solo necesitas un espacio en forma de página y, más o menos, seis minutos, para descubrirlas. Con el tiempo, te darás cuenta de que eres más capaz de formular nuevas preguntas y situaciones que supongan un mayor desafío.

Aunque creamos que somos capaces de pasar a un tipo de acción bastante significativa, las dos fuentes vitales (la intención y la atención) que necesitas para hacer la tarea están sometidas a constantes ataques por parte de nuestra forma de vida y nuestro trabajo modernos.

La intención

Una vez establecida tu acción o capacidad para actuar con sentido, surge la pregunta obvia: ¿qué vas a hacer? Y dado que pierdes el cien por cien de los tiros que no haces (como dijo la estrella del *hockey* Wayne Gretzky), el acto de elegir los tiros que *vas* a hacer es de vital importancia para determinar los resultados finales.

Tener intención de hacer algo nos exige un tanto de pensamiento consciente y un tanto de valor. Al fin y al cabo, es mucho más fácil *no* hacer el tiro, porque así no hay posibilidad de errar, con todo el bochorno y las sensaciones incómodas que ello implica. Si no te propones nada, sigues sentado en las gradas, con el resto del público, como un mero espectador. La grada es mucho más cómoda: no corres el riesgo de fracasar o hacerte daño, y puedes engullir *snacks* a discreción mientras criticas a los jugadores por *sus* errores.

Elaborar una intención y actuar en consecuencia no solo implica la posibilidad de fracasar, sino que supone separarte deliberadamente de aquellos que se contentan con permanecer en las gradas. Esto no es fácil, sobre todo si tu personalidad está vinculada a la suya. «¿Quién te crees que eres? —imaginamos que estarán diciendo—. Siéntate y cierra el pico. Tú perteneces a esto, a nosotros. Come otro perrito caliente».

Es mucho más sencillo dejar que otro te programe tus intenciones. Así es como se enseña a los niños y niñas a socializar primero en casa y después en el colegio. Nos asignan tareas y si las hacemos bien, tenemos nuestra recompensa. Antaño se esperaba que la mayoría de las personas trasladara esa misma actitud a su vida laboral. Pero, ahora, ha aumentado el número de los considerados «trabajadores cualificados»; tenemos más independencia, flexibilidad y autonomía en el trabajo que nuestros predecesores, que estaban ligados a una cadena de producción; nos hemos convertido en emprendedores ajenos a la vida corporativa, o hacemos pluriempleo intentando sacar adelante nuestras propias iniciativas. Nunca ha sido tan importante como ahora tener claras nuestras intenciones.

Para complicar más las cosas, el número de opciones para elegir nunca ha sido tan grande. Tanta elección puede resultar abrumadora. Si puedes ser cualquier cosa, ir a cualquier parte, hacer cualquier actividad, ¿cómo decides? ¿Y si te equivocas? El imparable escrutinio de las redes sociales supone que el fracaso es más público que nunca. En definitiva, decidir fijarte unos propósitos conlleva sus riesgos. Lo único peor que hacerlo es, sin lugar a dudas, no hacerlo.

De nuevo, la escritura exploratoria nos aporta un espacio seguro donde formular y probar nuestras intenciones. Puedes usar la página como máquina del tiempo: «¿Cómo podrían ser las cosas dentro de cinco años si hago esto? ¿Y si no lo hago?». O puedes trazar una línea en el medio para escribir los pros y los contras a cada lado, para que te ayude a arrancar y a evaluar el debate que tiene lugar en tu cabeza. Aunque solo veas una posible línea de actuación sobre el papel, al haber pasado por el proceso de expresarla, puede darte la impresión de que es factible.

La atención

Si la intención es elegir hacer un tiro en particular, la atención es la concentración que ponemos en ello, tanto en el momento presente como en las semanas, meses y años de entrenamiento que conlleva el conseguirlo. Y según parece, estamos en medio de una crisis de atención.

Parte de esto es puro FOMO.* Elegir prestar atención a una cosa significa que estamos eligiendo *no* prestársela

---

* N. de la T.: Acrónimo de la expresión inglesa *Fear of missing out* ('miedo a perderse algo'), patología psicológica que se caracteriza por «un deseo de estar continuamente conectado con lo que están haciendo otros».

a otra, y cuando hay tantas cosas que reclaman nuestra atención y tanta inversión en *marketing* para intentar persuadirnos de lo esenciales que son para nuestra felicidad, no es tarea fácil.

Otra parte es nuestra adicción (y no es una palabra demasiado fuerte) a nuestros dispositivos móviles. Estoy segura de que conoces las estadísticas: un informe de 2018 reveló que el usuario tipo de un *smartphone* interactúa con su móvil unas 2.617 veces al día,[3] lo cual, a decir verdad, no le deja demasiado tiempo para mucho más.

Nuestros dispositivos y sus aplicaciones han sido diseñados por algunas de las mentes más inteligentes del planeta para incrementar y rentabilizar la cantidad de atención que les prestamos, así que no te sientas mal por ello. Lo tienes todo en tu contra: no eres tú, sino ellos. ¿Cómo arreglarlo? Hasta que consigamos una regulación tecnológica para el siglo XXI, eso dependerá de ti.

Otro aspecto de la crisis de la atención del que se habla menos son las expectativas que tienen los demás sobre nosotros. Soy lo bastante mayor como para recordar los tiempos en que mandábamos memorandos internos en la oficina, que llegaban dentro de un sobre de papel kraft con botón de cartón y cierre de cuerda. Tardaba un poco en llegar a su destinatario en el carrito de la correspondencia de la empresa y el destinatario, a su vez, también tardaba su tiempo en responder. Si estabas haciendo otra cosa, lo dejabas a un lado hasta haber terminado lo que estabas haciendo; si era urgente, el remitente venía a verte.

Actualmente, nuestros compañeros pueden ver inmediatamente si hemos recibido y leído su mensaje, por supuesto, lo cual crea la obligación tácita de responder inmediatamente. Y así sucesivamente, porque ellos también tendrán que responderte a ti. Tú cuelgas. No, cuelgas *tú*. De modo que lo que intentas hacer un día cualquiera se ve frustrado por las exigencias de los demás, y a decir verdad, a veces hasta damos las gracias por ello. Stevie Smith estaba sentada en su despacho deseando que el hombre de Porlock,* el mismo que se atrevió a interrumpir a Samuel Taylor Coleridge mientras transcribía fervientemente su visión, bajo los efectos del opio, esa que lo llevó a escribir su poema *Kubla Khan*: «Deseo ser interrumpida», admitió.[4] ¿Y no lo deseamos todos alguna vez? La interrupción nos exime de culpa. Si no hay algo que nos distrae, no tenemos excusa para dejar inacabado un poema, escribir un informe o hallar una solución. Tal vez por eso nos hemos vuelto tan adictos a mirar nuestro móvil, porque también esperamos al hombre de Porlock, y si nadie va a obligarnos a hacer una pausa presentándose en nuestro despacho, la haremos nosotros mirando Tik Tok.

Las prácticas de «trabajo interior», como la meditación, pueden ser muy útiles para ayudarnos a reforzar

---

* N. de la T.: En el mundo anglosajón se habla de una figura cuya aparición intempestiva distrae de lo que se está haciendo y hace olvidar cosas más o menos importantes, metáfora de visita no deseada que hace que nos despistemos. Se trata de un término acuñado por el poeta inglés Samuel T. Coleridge, y Porlock era el pueblecito de al lado de donde vivía el poeta. (Fuente: labrujulaverde.com).

nuestra concentración, pero encierran sus propias dificultades. Tal vez tú puedas mantener un estado mental de calmado desapego y de unidad con el universo durante más de cuarenta segundos; yo no. Pero he descubierto que incluso las personas como yo, adictas a la distracción y con un intervalo de atención pésimo para la actividad puramente mental, PUEDEN mantener la concentración para un *sprint* de escritura durante seis minutos. Hay dos razones (relacionadas) para ello:

1. **La desconexión.** El tiempo dedicado a la escritura exploratoria con papel y lápiz es efectivamente tiempo aparte. Nadie puede interrumpirnos remotamente; ninguna aplicación puede tentarnos para que le prestemos atención, no podemos recurrir a Google para hallar una respuesta a nuestra pregunta y entonces perder una hora leyendo las últimas noticias o, reconozcámoslo, viendo vídeos de gatos. Y lo que es igualmente importante, nadie puede rastrear lo que hemos tecleado o acceder a un documento compartido: podemos decir lo que nos plazca, libres de espías digitales. Si esto te parece subversivo, es porque lo es.

2. **Ancla nuestra atención.** En nuestra mente, los pensamientos tienden a crear círculos viciosos, y como solo podemos albergar uno a la vez, incluso en el mejor de los casos, es difícil mantener nuestra atención en una idea el tiempo necesario

como para desarrollarla lo bastante. Y cuando nos AFLORA una reflexión, cualquier distracción (la llegada de un mensaje, por ejemplo) puede hacer que se evapore en un segundo. Pensar sobre el papel nos permite desenrollar nuestro pensamiento y seguir el hilo, rebobinar si es preciso, para volver al punto. Mientras que pensar muchas veces nos da la impresión de que estamos dando vueltas, escribir nos hace sentir que estamos avanzando.

Esto puede parecer principios esotéricos, pero la práctica diaria de escritura exploratoria nos permite incorporarlos en nuestro día a día. Unos pocos minutos diarios nos ayudan a conectar con nuestro sentido de acción, a practicar la intención y a dirigir nuestra atención hacia lo que estamos haciendo, de una forma que contribuye a que hagamos más de lo que verdaderamente importa.

Capítulo 6

Aventuras en sensemaking

$\mathcal{E}$ n el capítulo dos vimos que el cerebro es un narrador nato y que la escritura exploratoria puede ayudarnos a ser conscientes de sus relatos y a probar otros nuevos. Las historias son la forma en que damos sentido al mundo, y el proceso más amplio mediante el cual construimos esos relatos se conoce como *sensemaking*. En el proceso de *sensemaking* seleccionamos los elementos de la experiencia a los que vamos a prestar atención y empezamos a vincular esas experiencias racionalmente: B sucedió por A; si X, entonces Y.

Estamos acostumbrados a leer narrativas lineales cuidadosamente convertidas en novelas, pero la escritura exploratoria es más libre, más asociativa, más desordenada, porque como también hemos visto en el capítulo dos, así es como funciona nuestro cerebro. Tal como lo expone Peter Elbow: «Nuestra forma habitual de pensar rara vez es estrictamente lógica, sino más bien asociativa, analógica, metafórica».[1]

El *sensemaking* es una especie de protonarrativa: simplemente, empieza por la observación y la selección, más o menos consciente, de qué es aquello a lo que prestamos atención. Mediante el proceso de la escritura exploratoria comenzamos a crear la sensación de «secuencia conectada», las asociaciones y las analogías que nos ayudan a adquirir cierta perspectiva y a probar diferentes interpretaciones. Karl Weick, en su libro *Sensemaking in Organizations* [Dar sentido en las organizaciones], observa: «Cuando las personas enfatizan su propia vida plasmándola en relatos, dan una cohesión formal a lo que de otro modo sería un caldo licuado».[2]

Gran parte de nuestro proceso de *sensemaking* tiene lugar en el ámbito social, conversando con otras personas o en el contexto de la cultura de una organización y, normalmente, sin demasiada intervención del pensamiento consciente. Nuestro cerebro narrador se limita a traducir la «experiencia» en «relato», sin que realicemos esfuerzo alguno o ni tan siquiera seamos conscientes.

Pero la escritura exploratoria nos permite dar visibilidad a ese proceso que tiene lugar en los límites de nuestra conciencia, donde traducimos la experiencia en lenguaje y los acontecimientos en relatos. Y eso nos permite descubrir las a menudo inútiles suposiciones en las que se basan dichos relatos y probar otros nuevos.

Puesto que nuestros cerebros siempre están creando historias con la materia prima de nuestras experiencias, la mayor parte de las veces nuestro *sensemaking* instintivo no nos sirve de mucho. Pasamos al pensamiento obsesivo: círculos interminables de revivir malas experiencias, recriminar, culpabilizar, lamentarnos y angustiarnos.

La escritura exploratoria es un modo de utilizar este hábito de nuestros cerebros de dar sentido con más propósito y sentido lúdico. Los antiguos senderos circulares por los que hemos transitado durante tantos años están muy arraigados, y con frecuencia, la única manera de romper con ellos es sentir que nos empujan por detrás.

Esta es la razón por la que la escritura libre tal vez sea el instrumento más fundamental del kit de herramientas de la escritura exploratoria.

La escritura libre

En el capítulo tres he descrito brevemente la escritura libre como parte del kit de herramientas básico de la escritura exploratoria, pero ahora es el momento de verla con más detalle y (sí, lo has adivinado) también de probarla. La escritura libre es simplemente escribir lo que se te pasa por la cabeza, sin corregir ni censurar, procurando, en la medida de lo posible, hacerlo a la velocidad del pensamiento.

No hay juicios, ni los tuyos ni los de nadie, y si es necesario, también está exenta de gramática, de puntuación, de cualquier tipo de estilo o de intento de pulirla y, por supuesto, de cualquier discriminación sobre lo que es apropiado o «correcto». Ni siquiera tiene por qué tener sentido (aunque probablemente te sorprenderá descubrir cuánto sentido tiene cuando lees lo que has escrito). Está libre de todas las reglas que solemos aplicar al escribir para otros, y puede que necesitemos algo de tiempo para acostumbrarnos a esta mareante sensación de libertad.

Si conduces, estarás acostumbrado a ir por carretera: te fijarás en los límites de velocidad, estarás pendiente de los otros conductores y de los peatones. Solo puedes ir hasta donde te llevan las carreteras y en la dirección que estas te permiten. Tienes que indicar tus movimientos, permanecer en tu carril y ser respetuoso con los demás usuarios. Así es como funciona el negocio de la escritura.

La escritura libre no se parece a conducir por una ciudad, sino a circular con un *kite buggy* (parakart)* por el desierto más grande y más desolado del mundo: puedes ir en la dirección que te lleve el viento, tan lejos y tan rápido como gustes. No hay más reglas que la necesidad de elevar tu cometa y dejar que el viento te propulse: en este caso, para crear tu motor de arranque y escribir tan rápido y con tanta sinceridad como te sea posible, hasta que suene la alarma (o más, si has tenido una buena racha de viento).

Y si todavía no estás convencido, el otro gran beneficio de la escritura libre es que supone un calentamiento excelente para cualquier otro tipo de escritura. Hace que las palabras fluyan libremente y te ayuda a gestionar el a veces paralizante miedo a trasladarlas al papel. Una vez que sabes que puedes escribir desde cualquier pozo, de hecho, escribir quizás sea la mejor forma de salir del pozo y nunca más te quedarás mudo por el bloqueo del escritor.

Una de las invitadas a mi pódcast, Orna Ross, me enseñó una regla nemotécnica que plasma la esencia de la escritura libre: FREE = Fast, Raw, Exact y Easy (LIBRE = rápida, ruda, exacta y espontánea).

Escribir **rápido** es la única forma de seguir el ritmo de tus pensamientos y esquivar la censura interna (que a la mínima oportunidad saltará con: «¡No puedes escribir ESO!»). Es **ruda,** en parte, porque no es necesario pulir lo

---

* N. de la T.: Deporte que consiste en desplazarse con un vehículo de tres ruedas parecido a un kart, con la ayuda de una cometa, como navegar en velero pero sobre ruedas.

que escribimos (no importa si no usas tildes o haces faltas de ortografía); es para ti, no para tu profesor de gramática. Y en parte también es **ruda** porque con frecuencia verás que escribes cosas que te resultan incómodas, incluso dolorosas, que usas un lenguaje o revelas verdades que no te gustaría compartir con tu profesor de lengua (a decir verdad, con nadie. Y que indudablemente no escribirías en ese adorable cuaderno bonito).

Es **exacta** porque te reta a no utilizar generalizaciones fáciles y a que seas preciso respecto a los detalles de tu experiencia, a que utilices tus sentidos para que te involucres en lo que escribes y lo vivas plenamente.

Y por último, es **espontánea**; no te estreses al escribir ni te compliques la vida, no intentes averiguar qué quieres decir o pulir lo que escribes, no te preocupes por si lo estás haciendo bien: no puedes hacerlo mal. Solo escribe, rápido y rudo, y observa qué pasa.

Puedes escribir libremente en una página en blanco, tal como nos recomienda Julia Cameron, en *El camino del artista*, su curso de doce semanas, destinado a despertar nuestra creatividad, donde enfatiza que las páginas matutinas son una práctica esencial. Pero si usas la escritura libre como herramienta de pensamiento empresarial en vez de hacerlo como un ejercicio puramente creativo, tal vez sea más práctico empezar con un motor de arranque. En la sección siguiente, aportaré algunas ideas, pero cualquier pregunta que albergue tu mente servirá.

No importa cuánto escribas, no hay una meta de palabras; lo único que has de hacer es seguir escribiendo, porque si te detienes y piensas pierdes el hilo. Escribir a mano activa el cerebro mejor que un teclado, y no te engaña haciéndote creer que es una obra acabada y pulida, ni te tienta a corregir a medida que escribes. Significa también que puedes dibujar flechas, hacer círculos en puntos clave o incluso trazar algún dibujo en lugar de escribir (véase el capítulo doce, para más información sobre este tema); todo ello, sobre el papel, se produce sin fricciones, mientras que en la pantalla no es posible.

Advertencia: Durante los dos o incluso tres o cuatro primeros minutos, es casi seguro que sentirás que no está funcionando. Esto es totalmente normal. Sigue adelante. Cuando empiezas a usar una bomba de agua oxidada, al principio cuesta mucho y solo extraes lodo. Pero si le sigues dando, de pronto, como por arte de magia, el agua empieza a fluir. Puede que tarde unos segundos o unos minutos, pero si sigues escribiendo, te prometo que llegará el momento en que el lodo mental dará paso a un chorro repentino de agua clara, limpia y burbujeante.

¿Estás preparado? Basta de teoría. Busca unas cuantas hojas de papel, que pueden ser medio usadas, y lápiz o bolígrafo, y siéntate en un lugar donde nadie te moleste durante seis minutos (aunque sea en el cuarto de baño). Escribe el siguiente motor de arranque al inicio de la página, programa la alarma para dentro de seis minutos y empieza a escribir, lo más deprisa que puedas, lo primero que se te pase por la cabeza para responder a: *Mi gran talento es...*

Cuando suene la alarma, lee lo que has garabateado y observa si se ha producido *sensemaking*: tal vez has retrocedido al pasado para reflexionar sobre el origen de tu talento, te has contado historias que ilustran por qué te ha funcionado o has albergado la esperanza de que pueda seguir funcionándote de otro modo en el futuro. ¿Qué te ha sorprendido? ¿Qué te ha sido útil y qué no tanto de lo que has descubierto? ¿Qué has de seguir explorando? ¿Qué puedes hacer para responder a esas reflexiones? Si tienes tiempo (y si tu cansada mano te lo permite), quizás te apetezca hacer otro *sprint* de escritura para explorar esas ideas.

Es esencial que te sientas cómodo con la escritura libre para que puedas desarrollar la práctica de la escritura exploratoria, y (como sucede con todo en la vida) cuanto más la practiques más espontánea y fluida será.

En los siguientes capítulos, tendrás muchas más oportunidades de practicar la escritura libre para diferentes fines; de momento, empezaremos alejando nuestro foco de *sensemaking* de nosotros y lo dirigiremos hacia otras personas, especialmente esas que nos sacan un poco de quicio...

La empatía

El diccionario de inglés Collins define la empatía como «la habilidad de sentir los sentimientos y emociones de otras personas como si fueran tuyos».[3] No se trata simplemente de altruismo y de ser mejores seres humanos: los proyectos Oxígeno y Aristóteles de Google revelaron que la empatía era una de las características principales de sus mejores empleados y equipos.[4]

Pero, como todo lo que merece la pena, la empatía requiere su tiempo y atención. Estamos tan ocupados concentrándonos en nuestras necesidades y experiencias que no siempre nos surge espontáneamente pensar en las de los demás, pero si lo hacemos, los resultados pueden ser extraordinarios. Este potente ejercicio es para probarlo con alguien que no te caiga especialmente bien o también con alguien con quien quieras forjar una relación más sólida.

La empatía nos exige un salto imaginativo, y el aspecto narrador del *sensemaking* es idóneo para propiciarlo. Al imaginar la experiencia y la perspectiva de otra persona en una sesión de escritura exploratoria, podemos crear conexiones, experimentar momentos de lucidez y descubrir posibilidades que pueden transformar nuestra comprensión de ella. Aquí es importante hacer hincapié en que la clave no está en tener o no tener razón respecto a los sentimientos, motivaciones o experiencias del otro, porque eso jamás lo sabremos. (Seamos sinceros, la mayoría de las veces no tenemos demasiado claros nuestros propios sentimientos y motivaciones, mucho menos los de otro). El valor que tiene este ejercicio es que al ponernos en el lugar de la otra persona somos capaces de «verla» con una mentalidad más abierta y de relacionarnos con ella con más compasión y ternura; te sorprenderás al descubrir el efecto que tiene en una relación delicada.

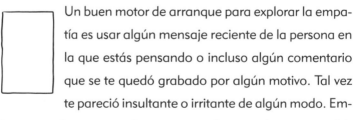

Un buen motor de arranque para explorar la empatía es usar algún mensaje reciente de la persona en la que estás pensando o incluso algún comentario que se te quedó grabado por algún motivo. Tal vez te pareció insultante o irritante de algún modo. Empieza por releer o recordar ese mensaje y comienza a escribir sobre sus posibles causas subyacentes.

¿Qué necesidades podría estar intentando satisfacer esa persona? ¿Cuáles podrían ser sus miedos y frustraciones? ¿Qué podría estar intentando conseguir? ¿Qué acción o reacción esperaba de ti? ¿Por qué tiene importancia para ella? Recuerda que nunca puedes estar totalmente seguro, pero recurre a la curiosidad típica del explorador y sigue concentrándote en la otra persona en lugar de hacerlo en ti.

Cuando termines de escribir, dedica un momento a leer y a reflexionar sobre lo que has puesto: ¿lo que hoy has tenido en cuenta cambia de alguna manera tu respuesta al mensaje original? Si es así, ¿de qué modo? ¿Qué podría suponer utilizar este experimento de empatía con más frecuencia en tu casa y en el trabajo?

Una de las razones por las que este ejercicio es tan potente es porque trastoca el «sesgo de atribución» o nuestra tendencia a atribuir la conducta negativa de otras personas a su predisposición, es decir, a los rasgos de su carácter en vez de a la situación, mientras que sí atribuimos nuestros propios defectos a factores circunstanciales. Por ejemplo, si somos bruscos con alguien, nos excusamos diciendo algo como: «Esta mañana estaba muy ocupado y estresado». No obstante, si es a la inversa, es más probable que pensemos: «¡Vaya! ¡Qué maleducado!». Comprometernos deliberadamente con la perspectiva de otra persona, poniéndonos en su lugar, significa que vamos a aplicar esta tendencia a su favor. Nos recuerda que existen muchas versiones posibles en cada interacción, lo cual puede ayudarnos a abandonar nuestras interpretaciones menos útiles. Cuando adquieras el hábito de ver a quienes te rodean con más empatía y de estar más dispuesto a atribuir sus conductas inexplicablemente irritantes a factores circunstanciales en vez de etiquetarlos como rudos, egoístas o estúpidos, podrás transformar radicalmente tus relaciones.

La reformulación

El ejercicio de empatía que acabamos de hacer es un ejemplo de reformulación: cambiar tu forma de ver algo para cambiar tus pensamientos y sentimientos al respecto. Reformular es una técnica fundamental en la TCC (terapia cognitivo-conductual) moderna, pero sus orígenes son mucho más antiguos, como dijo Marco Aurelio: «Rechaza tu sentido de prejuicio y el prejuicio desaparecerá por sí solo».[5]

Este es un elemento clave del *sensemaking* en la escritura exploratoria: explorar deliberadamente otras interpretaciones de nuestra experiencia. ¿Te parece un poco vago y místico? Aquí tienes una técnica muy sencilla que puedes utilizar para empezar: pensamiento contrafactual.

El pensamiento contrafactual

La habilidad para imaginar cosas que son contrarias a los hechos es uno de nuestros superpoderes como seres humanos. También es una maldición. Cuando pensamos de modo contrafactual, imaginamos cómo podrían haber sido las cosas si un acontecimiento hubiera sido de otro modo o si hubiéramos tomado otra decisión. El pensamiento contrafactual rara vez es neutral. (¿Dónde está la gracia?). En general, utilizamos una de dos variaciones de pensamiento contrafactual: ascendente y descendente. El contrafactual ascendente imagina que las cosas podrían haber sido mejores. Suele empezar por: «Si hubiera». O como expresó John Greenleaf Whittier de una manera más poética: «De todas las palabras tristes, habladas o escritas, las más tristes son estas: "Podría haber sido"».[6]

Utilizamos el pensamiento contrafactual ascendente desde lo mundano «si hubiera traído un paraguas» hasta nuestras más profundas penas cotidianas, como «si no hubiera tomado ese avión». Dan Pink, en su libro *El poder del arrepentimiento*, examina el pensamiento contrafactual ascendente y revela lo común que es arrepentirse: según parece, arrepentirse es humano.

El «si hubiera» puede llegar a destruirnos. Nunca más volveremos a vivir ese momento, es demasiado tarde para hacer lo que podríamos haber hecho. El «si hubiera» casi siempre hace que nos *sintamos* peor. Pero Pink nos indica que también puede hacer que *actuemos* mejor. Esto es a lo que se refiere con el poder del arrepentimiento: el arrepentimiento que se queda con nosotros nos enseña lo que de verdad importa y también puede ayudarnos a tomar mejores decisiones la próxima vez, como hacernos oír, ser más audaces o recordar llevarnos el paraguas.

El otro tipo de pensamiento contrafactual es descendente, que suelen empezar por «al menos»: «Al menos no llueve muy fuerte», «Al menos pude decirle que lo amo». Imaginamos que las cosas podrían haber sido peores, y eso nos consuela. Esta forma de pensar nos reconforta, pero también puede impedir que afrontemos las lecciones duras.

Ambos tipos de pensamiento contrafactual pueden sernos útiles en la escritura exploratoria.

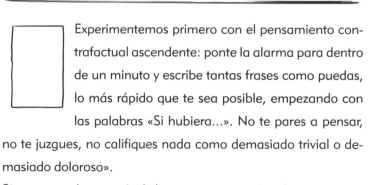

Experimentemos primero con el pensamiento contrafactual ascendente: ponte la alarma para dentro de un minuto y escribe tantas frases como puedas, lo más rápido que te sea posible, empezando con las palabras «Si hubiera...». No te pares a pensar, no te juzgues, no califiques nada como demasiado trivial o demasiado doloroso».

Si eres como la mayoría de las personas, terminarás con un acopio de lamentos que abarcarán desde los que dan risa hasta los que son casi insoportables. Estos serán tu materia prima para los dos ejercicios que te voy a sugerir a continuación. Por supuesto, eres libre de hacer los dos, uno, o ninguno, como gustes.

Ejercicio 1

La inversión del «si hubiera»/«al menos». Este es un experimento de pensamiento rápido que favorece la resiliencia mental y que se puede usar diariamente sobre la marcha si es necesario. Funciona mejor para arrepentimientos de grado bajo, pero también se puede usar con precaución para asuntos más serios. Usa una de tus afirmaciones de «si hubiera» e inviértela para encontrar un pensamiento contrafactual descendente complementario. Por ejemplo:

- «Si hubiera revisado el correo electrónico antes de enviarlo...»/«Al menos no se lo mandé a toda la empresa...».
- «Si hubiera escuchado cuando me dijeron que él no era bueno para mí...»/«Al menos tuve la suerte de no casarme con él...».
- «Si hubiera preparado mejor los presupuestos para la propuesta...»/«Al menos no volveré a cometer ese error...».

En cierto modo, esto es solo una trampa lingüística, pero puede suponer una inmensa contribución para la resiliencia y el bienestar. Sí, tal vez te parezca simplista, hasta puede que te entren ganas de abofetear al que ha intentado venderte esta resignación como consuelo, pero el «al menos» es tan «cierto» y válido como cualquier «si hubiera». Y tal vez descubras que no solo te consuela, sino que te fortalece.

(Nota: Esto funciona mejor cuando lo haces por iniciativa propia.

Por supuesto que puedes animar a otros a que hagan sus propias inversiones contrafactuales (aunque no utilices esta terminología), pero si intentas forzar el «al menos» cuando la otra persona todavía está obsesionada con el «si hubiera», lo más probable es que no puedas ayudarla demasiado y tal vez la perjudiques considerablemente).

Ejercicio 2

El segundo ejercicio trata de conseguir que te resistas a la oportunidad de intentar *sentirte* mejor y que intentes sentir el arrepentimiento para descubrir si este puede ayudarte a *actuar* mejor en el futuro. Elige una de las afirmaciones de «si hubiera» que has escrito antes. ¿Qué puede enseñarte? ¿Qué significa esto para ti en la actualidad? ¿Qué podrías cambiar mañana con lo que has aprendido?

Cuando escribo sinceramente un «si hubiera», muchas veces descubro que, en realidad, es una excusa: «Si hubiera tenido tiempo...», «Si hubiera encontrado a la persona correcta para ayudarme...». Estas afirmaciones «si hubiera» no son realmente lamentos, sino pantallas de humo. A decir verdad, confieso que, más veces de las que me gustaría admitir, soy consciente de que el verdadero asunto es algo más profundo: el miedo, o simplemente, el fracaso de no saber priorizar. Y sobre eso sí puedo hacer algo.

En cierto modo, todos los aspectos de la escritura exploratoria son una variante del *sensemaking*. Pero desarrollar este tema supondría escribir un capítulo muy largo, y nuestra siguiente aventura se merece un capítulo propio.

Capítulo 7

Aventuras en la indagación

*I*ndagar es el simple acto de formular preguntas para las que no tenemos respuesta, o incluso para las que pensamos que *sí* la tenemos, pero que estamos abiertos a reconsiderar. Es la forma en que se expresa la curiosidad y, como vimos en el capítulo tres, la curiosidad es la esencia de la exploración.

No obstante, la mayoría de las veces, nos ocupamos de las respuestas en calidad de líderes y expertos, o incluso como profesores, padres, madres, socios y amigos. Otras personas nos hacen preguntas por nuestra experiencia y nuestros conocimientos. Nuestro estatus y la imagen que tenemos de nosotros mismos se basan en nuestra habilidad para dar respuestas de fiar en lo que a nuestra especialidad se refiere.

Esto implica que las preguntas pueden ser delicadas, especialmente en el trabajo.

Mientras permanecemos en nuestra área de competencia, donde tenemos más respuestas que preguntas, estamos en nuestra zona de confort y podemos trabajar eficientemente. Cuando has invertido más de diez mil horas de práctica en una especialidad para lograr dominarla, probablemente no te entusiasme demasiado que venga un novato y te pregunte por qué lo haces de ese modo.

Y cuando se trata de habilidades estáticas, tal vez tenga sentido. Seguramente, el aprendiz debería callarse y observar al maestro cuando elabora el violín en lugar de hacer sugerencias desde el primer día.

Pero la mayoría de las habilidades profesionales del siglo XXI no son estáticas. El ritmo del cambio disruptivo es tan rápido que si pasamos todo nuestro tiempo en el confort que nos otorgan nuestras respuestas, haciendo lo que siempre hemos hecho y suponiendo lo mismo de siempre, un día nos despertaremos y descubriremos que nos hemos ido equivocando gradual e irrevocablemente, y que nuestras respuestas, actos y suposiciones son totalmente erróneos. ¿Cuál es la solución? Hemos de mejorar en el arte de buscar y formular preguntas, o si prefieres el nombre más sofisticado: la indagación.

Antes eras *muy bueno* en esto. Entre los dos y los cinco años, un niño o una niña tipo hace unas cuarenta mil preguntas:[1] cada vez exige más explicaciones que hechos. (Antes de tener hijos, me prometí a mí misma que siempre aceptaría de buen grado sus «¿por qué?» y lo he intentado, pero no voy a mentir: puede ser agotador). Tal como Alison Gopnik expone elocuentemente: «Los bebés y los niños pequeños son como el departamento de I+D de la especie humana».[2] No dejan nada por preguntar.

No obstante, cuando empiezan a ir a la escuela, las preguntas van desapareciendo. La mayoría de los profesores prefieren ser ellos los que hacen las preguntas, y ¿quién puede culparlos? Tienen que cumplir sus objetivos y preparar exámenes. En la mayoría de las clases, hay poco tiempo para la curiosidad, porque no hay tiempo para ir fuera de pista. Esto está cambiando, al menos en las escuelas más progresistas. El aprendizaje basado en la indagación (motivar a los alumnos a que hagan preguntas y a que descubran las respuestas por sí mismos) está ganando adeptos, básicamente porque está demostrando ser una forma mucho más eficaz y atractiva de ayudar a los niños y niñas a entender y recordar la lección. A los alumnos más mayores, incluidos los de formación profesional, se los suele animar a que reflexionen, respondan a las preguntas relativas a cómo han gestionado algún proyecto y qué es lo que cambiarían la próxima vez. Este tipo de reflexión también puede conllevar investigación: «¿Cómo lo ves ahora? ¿Cómo han resuelto el problema otros? ¿Y qué otras preguntas suscitan estas respuestas?».

De algún modo, ni nuestra curiosidad natural de la infancia ni lo que sabemos sobre cómo desarrollar una forma de pensar y una práctiça eficaces en el entorno de aprendizaje formal llegan a la mayoría de las empresas. Esto no significa que no puedas introducir la indagación a hurtadillas en tu despacho, para ti y, tal vez, todavía más a escondidas, para tus compañeros. Warren Berger considera que esto es una habilidad esencial para el mundo laboral en el siglo XXI y cita al emprendedor Joi Ito:

> Cuando intentamos aceptar una nueva realidad que nos exige que seamos siempre eternos aprendices (en lugar de serlo solo en nuestra juventud), hemos de procurar mantener o reavivar la llama de la curiosidad, de nuestra capacidad para asombrarnos, de nuestra tendencia a probar cosas nuevas y de adaptarnos y absorber lo que tan útil nos fue en la infancia. Hemos de volvernos neotécnicos (la neotonía es un término biológico que describe la conservación de cualidades de la infancia en la edad adulta). Para ello, hemos de redescubrir la herramienta que tan bien utilizan los niños y las niñas en su primera infancia: la pregunta.[3]

Si alguna vez has trabajado con algún *coach*, puede que estés familiarizado con la indagación como herramienta de autodesarrollo en tu vida profesional: un buen *coach* no se centra tanto en aportar respuestas como en plantear grandes preguntas que te ayuden a entender mejor algún tema y a crear tus propias soluciones.

Por desgracia, no siempre puedes tener un *coach* a tu disposición, pero dominando el arte de las preguntas como parte de la práctica de la escritura exploratoria puedes convertirte en tu propio *coach* en cualquier momento del día o de la noche, si se trata de una situación especialmente difícil. Según Helen Tupper y Sarah Ellis, para convertirte en tu propio *coach* basta con que desarrolles «la habilidad de hacerte preguntas para mejorar tu conciencia de ti mismo e incitar una acción positiva».[4]

Sin lugar a dudas, el aspecto más elemental de la indagación es qué vas a preguntar. No todas las preguntas son iguales. Tal vez ya sepas lo que son las preguntas cerradas y las abiertas. Cuando le pregunto a mi hijo «¿has tenido un buen día?», al regresar de la escuela, suelo recibir una especie de gruñido monosilábico como respuesta. Que no es más que lo que me merezco, puesto que la pregunta se queda corta. Cuando me acuerdo de preguntarle algo más abierto e interesante, como «¿qué es lo mejor que te ha pasado hoy?», también obtengo una respuesta mucho más interesante.

Hay preguntas que incluso son menos útiles. Recuerdo con vergüenza que cuando era adolescente le gritaba a mi madre: «¿Por qué siempre lo estropeas todo?». Por supuesto, no hay respuesta para ello, solo un terrible sufrimiento. La mayoría de las personas, una vez superada la adolescencia, ya hemos aprendido a no hablar así a los demás, pero, por alguna razón, seguimos usando este tipo de conversación con nosotros mismos: «¿Qué me pasa?», «¿Por qué siempre meto la pata?». En el capítulo dos vimos que una de las razones por las que las preguntas eran tan poderosas es porque cuando al cerebro le plantean una pregunta (cualquiera), se activa el reflejo de la elaboración instintiva e, inmediatamente, empieza a buscar una respuesta. La elaboración instintiva puede ser una maldición o un superpoder: todo depende de las preguntas que nos planteemos. Una pregunta tóxica, como «¿por qué soy tan inútil?», obligará a nuestro cerebro a buscar algunas pruebas e ideas que respalden esa afirmación para intentar responder a la pregunta. Pero puedes ver su potencial. El autor Tony Robbins dice: «Las personas de éxito hacen mejores preguntas, y a raíz de ello, obtienen mejores respuestas».[5]

Entonces, ¿cómo podemos usar la escritura exploratoria para que nos ayude a formular mejores preguntas sobre nosotros y sobre los demás, para obtener mejores respuestas y más útiles?

Aquí tienes algunas ideas...

La asamblea municipal

Una forma de empezar es con lo que, después de mi conversación, en mi pódcast *The Extraordinary Business Book*

Club, con Megan Hayes, autora de *The Joy of Writing Things Down* [La dicha de escribir las cosas], he bautizado como la «técnica de la asamblea municipal». Según ella, pensamos que somos una única entidad consciente (a lo Descartes: *Cogito, ergo sum* ['pienso, luego existo' o 'pienso, luego soy']) y que tenemos una respuesta unificada para una idea o una situación, cuando, en realidad, suele haber múltiples reacciones en nuestro interior en cualquier momento.

Dicho de otro modo, si en tu empresa te pidieran que hicieras una presentación importante para la semana siguiente y te planteas la pregunta «¿cómo me siento al respecto?», la primera respuesta tal vez fuera «¡aterrorizado!», «¡es horrible!» o «¿cómo me zafo de esta?». Pero si observaras con más detenimiento, si fueras más consciente de tu autoindagación, tal vez descubrirías que están pasando muchas más cosas. Puede que una parte de ti esté entusiasmada por la idea, que otra sienta curiosidad por cómo sería esa experiencia y que incluso haya otra que ya esté empezando a planear en silencio cómo estructurar tus ideas. Somos lo que los psicólogos llaman «la sociedad de los yoes»:

> Una vez que hayamos iniciado el diálogo y lo practiquemos, descubriremos que hay muchos personajes y que nuestro trabajo consiste en ser la fuerza integradora de todos ellos, es decir, el CEO que une todas esas voces y que actúa como si estuviera dirigiendo una asamblea

municipal [...] Y cuando empiezas a escuchar a todas esas voces que, a mi entender, es más fácil gracias a la escritura, te das cuenta de que puedes hallar soluciones mucho más creativas.[6]

Las grandes emociones negativas tienden a ahogar las voces más silenciosas, curiosas y reflexivas, pero si practicamos una autoindagación más sistemática, podremos observar y explorar esas otras perspectivas.

Cuando dirijo una asamblea municipal para mi propio complejo e incoherente balbuceo interior, empiezo por ceder el estrado a mi voz más ruidosa, generalmente el miedo. Exige ser escuchado; por consiguiente, no tiene sentido concentrarse en ninguna otra cosa hasta que él haya hablado, y el miedo no suele necesitar ningún motor de arranque. Normalmente, me basta con dejar que despotrique hasta que se canse para darme cuenta de lo inútil y aburrido que es. Pero, entonces, surge la magia: invito al resto de los interesados que hay en mí a que suban al escenario. El miedo se marcha arrastrando los pies, agotado, y aparece el investigador interno, que tiene algunas ideas sobre cómo seguir avanzando, y hago la pregunta: «¿Qué OPINAS?».

Prueba a hacer una asamblea municipal. Piensa en una situación que estés afrontando en estos momentos y que te tenga intranquilo, o que sientas que te supera, y escribe un motor de arranque como «asamblea municipal para tratar X». Deja que tu reacción instintiva hable primero (¿cómo lo llamarás? ¿Miedo? ¿Crítico interior? ¿Otra cosa?). Y cuando haya intervenido, invita a otra voz más silenciosa al estrado y pregúntale: «¿Qué PIENSAS al respecto?». Aquí tienes algunas sugerencias:

- Investigador/a
- Niño/a
- Padre/madre
- Maestro/a
- Director/a
- Rebelde
- Artista
- Explorador/a
- Tu yo del futuro (véase la página 112)

¡Puede que se te ocurran más mientras escribes!

El mero hecho de descubrir tu propia multiplicidad es curiosamente liberador. Tal como Walt Whitman expresó de un modo tan desenfadado: «¿Me contradigo a mí mismo? Muy bien, pues me contradigo a mí mismo (Soy inmenso, contengo multitudes)».[7] Por muchas voces interiores que descubramos, todas siguen siendo fundamentalmente aspectos de nosotros mismos, como cabe esperar, dado que la escritura exploratoria es básicamente un deporte en solitario. Pero eso no significa que no podamos involucrar a otros, aunque no sepan que lo estamos haciendo; de hecho, indagar sobre otros en su ausencia es un truco mental muy útil para sacarnos de un círculo cognitivo vicioso.

Consulta a otros

Vivimos en un mundo donde hay un sinfín de formas en que podemos conocer lo que piensan los demás: a través de libros, *blogs*, charlas TED,* artículos, vídeos en directo, etc. En vez de limitarnos a consumir ese contenido, ¿por qué no adoptamos un enfoque indagador para transformar a ese autor u orador en nuestro *coach* personal sin que se entere?

---

* N. de la T.: Organización no lucrativa comprometida con la misión de difundir ideas originales, fomentar el sentido de comunidad y crear impacto. Acepta a personas de cualquier nacionalidad y religión que busquen un conocimiento más profundo del mundo y de la conexión con los demás.

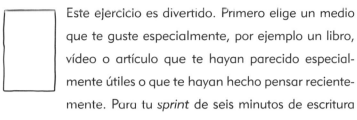

Este ejercicio es divertido. Primero elige un medio que te guste especialmente, por ejemplo un libro, vídeo o artículo que te hayan parecido especialmente útiles o que te hayan hecho pensar recientemente. Para tu *sprint* de seis minutos de escritura exploratoria tendrás que centrarte en una sección breve, pero esta técnica puedes utilizarla a un ritmo más lúdico y sostenible cuando vayas a escribir contenido de calidad.

Comienza trazando una línea en la mitad de la hoja, y a continuación, en la parte superior de la columna izquierda, escribe el nombre del autor u orador del material que vas a emplear. Ahora, en lugar de los seis minutos habituales te propongo que para empezar te pongas la alarma a los tres minutos. Durante este tiempo concéntrate en el material que has escogido y, cuando lo leas o lo escuches, anota cualquier cosa que te parezca importante en la primera columna. (Imagina que eres un estudiante y que vas a escribir una redacción sobre esto más adelante).

Cuando suene la alarma, deberías haber escrito al menos una o dos notas en la columna izquierda, hasta ahora, nada nuevo. Probablemente ya lo hayas hecho en mil charlas o conferencias. Pero, ahora, vas a aplicar algo de indagación en esa segunda columna, para no limitarte a consumir ideas y pasar a cocrearlas activamente.

Tal vez ya sepas más o menos lo que quieres hacer con lo que has descubierto; si es así, puedes dejar de leer ahora mismo y empezar una sesión de escritura exploratoria por tu cuenta, mientras sigas teniendo la idea fresca en tu mente. Pero si necesitas algo para arrancar, te sugiero que emplees la pregunta sencilla, pero profunda: «¿Qué significa esto para mí?», al principio de la segunda columna. Y durante los tres minutos siguientes (o más si puedes), imagina que estás sentado con el orador o escritor y que te está haciendo *coaching* directamente, cara a cara. ¿Cómo te afecta el punto que está tratando? ¿Qué consejo te daría para la situación que estás afrontando?

No puedes saber qué es lo que te diría exactamente, por supuesto, pero simplemente imaginando esa conversación y adoptando su perspectiva, puedes cambiar la tuya y abrirte a ideas nuevas. Y entonces es cuando se obra la magia.

Consulta a tu yo del futuro

Además de usar la escritura exploratoria para que nuestro extraordinario y amable *coach* nos ayude sin saberlo, también podemos utilizarla para conectar con un mentor aún más poderoso: nuestro yo del futuro.

Si eres fan de Harry Potter, recordarás la escena en que este viaja en el tiempo y está junto al lago viéndose a sí mismo siendo atacado por los Dementores. Está esperando a que aparezca su padre y conjure el encantamiento Patronus, que sabe que lo salvará, y en ese momento aparece: no era su padre la tenue sombra que vio al otro lado del lago cuando estaba siendo atacado; no fue su padre quien lo salvó, sino él mismo. Pronuncia el conjuro, se salva a sí mismo y cuando Ron le pregunta cómo lo ha hecho, le responde: «Sabía que podría hacerlo... Porque ya lo había hecho».[8]

Alucinante, como lo es la ficción de viajar en el tiempo, pero como sucede hasta en las mejores ficciones, se basa en la realidad. Aunque no te guste Harry Potter, créeme cuando te digo que tu yo del futuro tiene una capacidad extraordinaria para empoderar a tu yo actual.

Si tu yo actual está bloqueado por algo, no es muy probable que dé con la respuesta. Porque si fuera tan fácil, no estaría bloqueado. Pero ¿y tu yo del futuro? Tu yo del futuro ha resuelto este problema, basta con que le preguntes cómo.

Sí, así es, es un truco de la mente, pero increíblemente eficaz. También actúa de otras formas: puedes preguntarle a tu yo del futuro sobre sus (tus) hábitos, relaciones, vida cotidiana, prioridades, logros y otros.

Esta técnica aprovecha habilidades esenciales que ya dominas, como la escritura libre, la empatía y la indagación, junto con otra nueva, la poderosa herramienta psicológica de la visualización para acceder a verdades imaginarias más que reales, pero aún así es útil para esto.[9]

Hay dos aspectos clave para hacer este ejercicio: el primero es que te permitas acceder a tu yo del futuro CO-RRECTO, el que te ha ayudado a realizar todo tu potencial y a cumplir tu propósito. Si quieres beneficiarte de tu pasado, puedes escoger la versión de ti mismo que más puede enseñarte.

El segundo es que te «conviertes» en ese yo del futuro mientras dura el ejercicio, en lugar de pensar en el yo del futuro como alguien «ajeno». Cuando te pongas a escribir utiliza el verbo en presente para referirte al período del futuro que estás visitando, aunque sea para dentro de uno, dos, cinco o veinte años, y habla del reto del presente en tiempo pasado, como algo que ya has superado.

Mientras haces este ejercicio por ti mismo, también puede serte de gran utilidad cerrar los ojos y escuchar una visualización guiada. Tienes una versión en audio (en inglés) del texto que encontrarás a continuación en www. exploratorywriting.com. Si lo prefieres, puedes leerlo y dedicar unos minutos a visualizar la escena antes de iniciar la escritura.

Empieza haciendo una inspiración lenta y profunda... y luego suelta el aire silenciosamente y vaciando bien los pulmones. Repítelo cuantas veces te resulte necesario hasta que sientas que tu energía se calma, se vuelve más lenta y notes que ya estás listo para comenzar.

Ahora, imagina que te encuentras delante de una casa, una casa que no conoces, pero que de alguna manera, en cuanto la ves, sabes que es el lugar donde tu yo del futuro es totalmente feliz. Tómate unos momentos para contemplarla: ¿qué observas? ¿Dónde está y qué hay a su alrededor? ¿Qué oyes, sientes, hueles? Disfruta de estas impresiones mientras te diriges a su puerta y llamas al timbre. A los pocos segundos, se abre la puerta y te encuentras cara a cara con tu yo del futuro, que te está sonriendo con reconocimiento y amor. No puedes evitar devolverle la sonrisa, porque es maravilloso verte aquí, que te sientas tan en tu casa. ¿Qué observas en ti? ¿En tu ropa? ¿En tu energía? ¿En tu postura? Recorréis juntos la casa y os sentáis al lado de una ventana. Sabes que a tu yo del futuro puedes preguntarle cualquier cosa y que te responderá con sinceridad, compasión y amor. Puedes preguntarle cómo ha superado el problema al que te enfrentas ahora o cuáles fueron los cambios principales que tuvo que hacer para llegar hasta allí. Cuando lo miras, ¿qué crees que es lo que más necesitas de él o de ella en estos momentos? Permítele a tu mente formular la pregunta correcta.

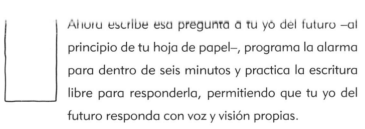

Ahora escribe esa pregunta a tu yo del futuro —al principio de tu hoja de papel—, programa la alarma para dentro de seis minutos y practica la escritura libre para responderla, permitiendo que tu yo del futuro responda con voz y visión propias.

Esta es una tarea que nos exige más emocionalmente que muchas de las otras que puedas haber realizado hasta ahora, así que detente unos momentos cuando la termines para observar cómo te sientes. ¿Qué has sentido al encontrarte con tu yo del futuro? ¿Qué es lo que más te ha llamado la atención de ese yo y qué implicaciones tiene eso para tu yo actual? ¿Qué acciones puedes realizar hoy para que te acerquen a esa imagen de tu yo del futuro? ¿Hay algo que tengas que dejar de hacer para crear el espacio que necesitas para ser esa persona?

Recuerda que ese yo del futuro está siempre a tu disposición; cuando te sientas bloqueado, puedes acceder a esa versión de ti que tiene todos los recursos y conectar con su (tu) fortaleza y sabiduría mediante el poder de la indagación.

Por último, a medida que vayas descubriendo más respuestas útiles, podrás usar la escritura exploratoria de la indagación para descubrir preguntas cada vez más interesantes.

La lluvia de preguntas

Un experimento de indagación divertido y eficaz es darle la vuelta a la noción que tenemos de la lluvia de ideas: en lugar de intentar dar con el máximo número de ideas como posibles respuestas/soluciones, plantéate el reto de buscar tantas preguntas como puedas relacionadas con el tema que estás tratando. El experto en liderazgo e innovación Hal Gregersen descubrió esta técnica por casualidad, mientras estaba impartiendo un taller con un grupo poco participativo, y terminó convirtiéndose en una metodología que denominó «estallido de preguntas». Según él es básicamente una actividad para realizar en grupo con la ayuda de un facilitador, y no cabe duda de que es una de las opciones, pero como escritora exploratoria, también la considero una técnica que puedes practicar en solitario, con el escueto material de una página en blanco y un avisador.

Concentrarnos en las preguntas en lugar de hacerlo en las respuestas es sorprendentemente liberador: cuando SOLO se te permite pensar en preguntas para las que no tienes la obligación de sugerir respuestas, el proceso se vuelve divertido y relajado. Como dice Gregersen: «La lluvia de ideas para encontrar preguntas, en lugar de respuestas, facilita que superemos nuestros sesgos cognitivos del pasado y que nos aventuremos en un territorio virgen».[10]

Mientras que la escritura exploratoria de la indagación suele comenzar con una pregunta y sigue explorando posibles respuestas, la lluvia de preguntas empieza con una afirmación provocadora que sirve de trampolín para generar las preguntas. Por experiencia propia, te diré que no vale la pena dedicar mucho tiempo y energía a la provocación inicial: siempre y cuando contenga algo que te afecte en estos momentos, servirá como punto de partida.

Aquí tienes algunas provocaciones que he usado conmigo y con otras personas:

- «Nuestra empresa no se diferencia de su competencia».
- «Tenemos que aumentar nuestros ingresos en un cincuenta por ciento para el año que viene».

- «Nuestra estrategia de *marketing* de contenidos está obsoleta y es ineficaz».

Como sucede con la lluvia de ideas clásica, una pregunta conduce a la otra y no hay límite.

Dale una oportunidad. Empieza con una provocación para tu situación actual o usa una de las que te acabo de proporcionar si te resultan útiles. Programa tu alarma para dentro de seis minutos y formula tantas preguntas como puedas. Tus preguntas pueden ser desde profundamente filosóficas («Por cierto, ¿qué significa el éxito?») hasta puramente prácticas («¿Qué *software* necesito para esto?») y todo lo que se presente por el camino.

Cuando suene la alarma, puedes elegir entre hacer una pausa y otro *sprint*, si todavía te quedan cosas por decir, o revisar las preguntas que has hecho y pasar a la fase siguiente: filtrar y tamizar. Ahora, puede que tengas que precisar o ampliar algunas preguntas (por ejemplo, «¿qué significa el éxito?» se podría precisar mejor como «¿cuáles son los factores del éxito en este caso?», mientras que en lugar de «¿qué *software* necesito para esto?», tal vez necesites una pregunta más abierta, como «¿están preparados nuestros sistemas para este fin?»). Indudablemente, supondrá priorizar algunas preguntas sobre otras por difícil que sea.

Intenta identificar las tres preguntas más importantes y utilízalas como motores de arranque para hacer un *sprint* de escritura exploratoria más tradicional y empezar a descubrir las respuestas.

Aunque aquí nos hemos concentrado en la indagación como herramienta para la escritura exploratoria, este tema abarca mucho más que eso. Cuando empieces a descubrir los beneficios de esta forma de preguntar, sin ataduras y por curiosidad, en tu práctica de escritura exploratoria, espero que también empieces a usarla más en tu vida y en tu trabajo.[11]

Puesto que las buenas preguntas nos ayudan a cambiar nuestra dinámica de pensamiento, la indagación está íntimamente relacionada con la creatividad, que es el tema de nuestra próxima aventura.

Capítulo 8

Aventuras en el sentido lúdico

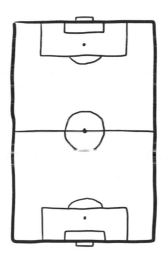

¿Recuerdas la fantástica palabra *neotonía*, la cual aprendimos en el capítulo anterior? Significa 'conservar atributos de la infancia en la edad adulta' (para evitar que tengas que volver atrás a releer), y Joi Ito la usaba específicamente para referirse a la importancia de seguir haciendo preguntas —cosa que los niños hacen con tanta espontaneidad— cuando ya somos adultos.

Otra característica de los niños y niñas es su creatividad natural. La misma frescura y falta de experiencia que facilita preguntar cosas que los adultos, ya más hastiados, dan por hechas, les permite ver las cosas... de otro modo.

Cuando mi hijo era bastante pequeño, me alegró mucho saber que su profesor de primaria les había hecho una introducción a la filosofía. Le pregunté qué les había enseñado.

—Hemos hablado sobre manzanas.

—¿Manzanas?

—Sí. Hemos tenido que clasificarlas. Bueno, como una manzana real, una fotografía de una manzana, un dibujo de una manzana, la palabra *manzana*, luego una manzana invisible...

«Impresionante —pensé—, les está enseñando la teoría de las formas de Platón».

—¿Por qué era invisible la manzana?

—Porque me la comí.

—Ah.

Esta capacidad de aceptar ideas nuevas sin pestañear y desarrollarlas de maneras inesperadas es una de las características más entrañables de los niños, pero también es una de las habilidades vitales para las empresas del siglo XXI, donde estamos expuestos continuamente a las nuevas ideas y a los problemas insospechados.

Al igual que comentábamos sobre la acción, la intención y la atención (capítulo cinco), también existen tres principios básicos interconectados en lo que se refiere al sentido lúdico en el trabajo. Todos ellos tienen cualidades suficientes para formar parte de un enfoque de escritura exploratoria: la creatividad, la originalidad y la resolución de problemas.

La creatividad conlleva descubrir una forma nueva de ver una situación (que puede suponer trasladar el conocimiento sobre una cosa de un campo a otro), la originalidad se basa más en descubrir algo cualitativamente diferente de lo que ya existe, y resolver problemas es simplemente hacer uso de la creatividad y de la originalidad con el fin específico de..., bueno, resolver un problema.

Veamos cada uno con algo más de detalle y descubramos cómo puede ayudarnos la escritura exploratoria a desarrollar estas cualidades.

La creatividad

Hace tan solo treinta años, el pensamiento creativo estaba básicamente reservado a cierto sector de la población. Las industrias creativas, como solíamos llamarlas. Y si no estabas en una de ellas (medios, *marketing*, diseño, etc.) podías guardarte tu creatividad para tu clase de arte del fin de semana y seguir con tu trabajo habitual, muchas gracias.

Hoy en día, el pensamiento creativo no es un lujo reservado a unos cuantos elegidos: es una habilidad esencial para todos los que trabajan en el mundo empresarial, sea cual sea su cargo. Lo cual es mucho pedir a las personas que jamás se hubieran planteado ser creativas y que no están seguras de tener aptitud para serlo. La escritura exploratoria se convierte por derecho propio en un espacio seguro donde practicar «ser creativo». Nos ayuda a desarrollar nuestra flexibilidad y nuestro sentido lúdico, que refuerzan nuestra confianza para ver una situación con otros ojos y desarrollar ideas y soluciones originales.

En una de las charlas TED más vistas de todos los tiempos, sir Ken Robinson argumentó que la creatividad era tan importante como la alfabetización en la educación.[1] Alegó que las escuelas y las empresas inhiben la creatividad al estigmatizar los errores: si tienes miedo de hacer algo mal, nunca harás nada original. La escritura exploratoria crea un espacio donde gozamos de la libertad de hacer las cosas gloriosa y creativamente mal sin penalización alguna, un espacio que nos es vetado a la mayoría de nosotros cuando estamos en la escuela o en el trabajo. Y eso incrementa significativamente nuestras posibilidades de hacer algo interesante.

Muchas veces la creatividad se basa en la conexión: se produce un choque de ideas y se genera una chispa que nos da una nueva perspectiva, percepción o idea. En el capítulo dos vimos que solemos dar prioridad al modelo burocrático antes que al pensamiento que intentamos comunicar al público, donde las ideas están perfectamente organizadas y clasificadas para que sea sencillo utilizarlas y recuperarlas. Este enfoque reduce la probabilidad de que se produzcan estas colisiones creativas. No obstante, en el interior de nuestros caóticos, turbulentos y libremente asociativos cerebros, la magia está esperando manifestarse: solo necesita un bolígrafo que se mueva lo bastante rápido y espacio suficiente en la página para captar esas asociaciones aparentemente aleatorias, para que descubramos qué podemos hacer con ellas, si es que podemos hacer algo.

Si te pasa como a mí, en cuanto alguien dice «¡sé creativo!», tu mente se cierra aterrorizada. Así que para hacer este ejercicio vamos a abordar las cosas lateralmente y al revés, y nos centraremos en intentar liberarnos para hacerlo todo glorioso y creativamente mal. Veamos el reto personal o laboral al que te estás enfrentando ahora, pero no vas a intentar encontrar ideas creativas para afrontarlo; en su lugar, te concederás seis minutos de escritura libre para expresar las peores y más divertidas ideas y conseguir que sea un completo fracaso. Si te han pedido que encuentres una idea para una nueva campaña de *marketing*, por ejemplo, ¿qué imágenes y eslóganes harían que los posibles clientes salieran corriendo? Diviértete con eso, sé todo lo excéntrico que desees y disfruta del anárquico entretenimiento de provocar el caos sin inhibiciones.

Cuando hayas terminado, échale un vistazo a lo que has escrito. La mayor parte serán tonterías sin sentido, por supuesto, no pasa nada. Pero dedica unos momentos a pensar cómo sería lo opuesto a esas terribles ideas: tal vez descubras que mirando las cosas al revés has encontrado una idea interesante que vale la pena seguir desarrollando.

(Y si no es así, al menos te has divertido intentándolo).

La originalidad

Es una ironía que en la era en la que más se habla de la creatividad y de la originalidad, la oportunidad de «inspirarse en» (entiéndase «copiar») los demás está al alza.

Imaginemos que nuestro trabajo consiste en crear una página de aterrizaje* para un nuevo producto. ¿Cuál es tu primer impulso?

Si haces lo que hacemos la mayoría, empezarás a buscar en Google. ¿Hay alguna idea que puedas tomar «prestada»? ¿Qué han hecho otras personas que se le parezca? ¿Hay alguna plantilla Canva? Al fin y al cabo, no vale la pena reinventar la rueda, ¿no te parece?

Si siempre empezamos a hacer algo nuevo mirando a nuestro alrededor para ver lo que ya está hecho, nos

---

* N. de la T.: En *marketing* en Internet se denomina página de aterrizaje a la que llega una persona tras pulsar un enlace o botón en una guía, portal o anuncio. (Fuente: Wikipedia).

estaremos subiendo al tren de las prioridades, el estilo, las limitaciones y las suposiciones de otra persona.

Cuando recurres al trabajo de los demás como punto de partida para el tuyo, reduces notablemente tu abanico de ideas. Todos los buscadores de gangas conocen el sesgo cognitivo de «anclaje»: empiezan con un precio ridículamente bajo y por más que proteste el vendedor, ese es su punto de partida para negociar. Establecen un punto de referencia que determinará el resto del regateo. Algo parecido sucede cuando fundamentas tu pensamiento en las ideas de otros. Puede que cambies y adaptes cosas para que se ajusten a tus fines, pero el resultado último será muy diferente al que habrías obtenido si hubieras empezado desde cero.

(«Sin duda lo será —estarás pensando—. Será infinitamente más rápido y probablemente mejor»).

Afortunadamente, con la escritura exploratoria podemos conseguir lo mejor de ambos mundos.

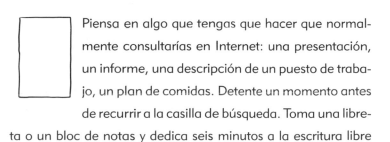

Piensa en algo que tengas que hacer que normalmente consultarías en Internet: una presentación, un informe, una descripción de un puesto de trabajo, un plan de comidas. Detente un momento antes de recurrir a la casilla de búsqueda. Toma una libreta o un bloc de notas y dedica seis minutos a la escritura libre respecto a qué es lo que quieres conseguir. ¿A quién va dirigido y qué necesita? ¿Cuál es el resultado más importante? ¿Cómo puedes aportar tu combinación única de habilidad, experiencia e interés? Cuando hayas terminado el *sprint* de escritura exploratoria, si crees que todavía lo necesitas, busca en Google. Estarás en una situación mucho más ventajosa para reconocer un buen punto de partida cuando lo encuentres y lo adaptarás mejor para que encaje con TU propósito.

La resolución de problemas

Una de las razones por las que ser creativo y original es una habilidad increíble para la vida es porque es esencial para resolver problemas. El mero hecho de que algo sea un problema implica que tu antigua e instintiva visión no está funcionando y que has de probar algo nuevo. El *sensemaking* y la reformulación (capítulo seis) y la indagación (capítulo siete) son herramientas útiles para gestionar problemas, pero existen otros enfoques más específicos, y tampoco te extrañará que la escritura exploratoria se pueda utilizar como refuerzo.

Primero, un descargo de responsabilidad: resolver problemas, especialmente en el trabajo y para casos graves, no es fácil. Hay muchas teorías distintas y metodologías de pasos múltiples, y un *sprint* de escritura exploratoria claramente no está pensado para sustituirlas. Pero del mismo modo que para hacer la mayoría de los agujeros no necesitamos una excavadora, la mayoría de los problemas tampoco necesitan una metodología sofisticada con un *software* de apoyo.

Dicho esto, vale la pena tener presentes los principios generales de estas teorías. Hace tiempo, impartí clases de creatividad, innovación y cambio (era muy divertido; ¿cuántas veces te pagan para ayudar a los ejecutivos a pintar con los dedos?), en una escuela residencial de gestión de empresas, que se centraba en una visión estructurada para resolver problemas creativamente y era algo parecido a esto:

1. Expresa el problema. Expándelo para entenderlo bien y asegúrate de que realmente ES el problema que has de solucionar (fase de exploración del problema; es increíble lo habitual que es que el supuesto problema resulta ser un síntoma o ni tan siquiera es un problema).
2. Genera cuantas más soluciones posibles mejor (fase de pensamiento creativo).
3. Evalúa las opciones para identificar las que vas a utilizar (fase de pensamiento crítico).
4. Ponlas en práctica (fase de acción).

Si no tienes presente la visión general de este proceso, lo más fácil es recurrir por defecto a algo más sencillo y conciso:

1. Piensa en una solución posible.
2. Ponla en práctica.

Puede que funcione, seguro, pero no tienes muchas probabilidades.

Pruébalo. Piensa en un problema relativamente sencillo que estés intentando resolver en estos momentos (nada demasiado intrincado o filosófico: recuerda que esto es la magia cotidiana y que todavía estamos en fase de aprendizaje) y concéntrate no en las posibles soluciones, sino en explorar el problema.

El «¿por qué?» aquí puede sernos muy útil: puedes ir a contracorriente para buscar causas subyacentes («¿Por qué está sucediendo esto?») o a favor de la corriente para concentrarte en las consecuencias («¿Por qué es un problema esto?») o combinar ambas opciones si lo prefieres. A medida que vas desvelando cada una de las causas o consecuencias subyacentes, pregúntate «¿por qué?» de nuevo y observa qué sucede. (Tal vez te suene esta técnica: en los círculos empresariales se la conoce como «los cinco ¿por qué?», pero también es probable que la conozcas por haber hablado con algún preescolar).

Al ir a contracorriente para centrarte en las causas subyacentes, quizás descubras que el VERDADERO problema no sea el que tú pensabas; al ir río abajo concentrándote en las consecuencias te será más fácil encontrar formas de mitigarlas o eliminarlas. Hasta puede que te des cuenta de que lo que creías que era un problema no lo es en absoluto; solo es algo que te irrita. Y la mejor forma de arreglarlo es simplemente decidir que no te va a seguir sacando de tus casillas.

Estos tres aspectos increíblemente útiles del sentido lúdico (la creatividad, la originalidad y la resolución de problemas) pueden aportar mucho a una poderosa herramienta que es un elemento esencial de nuestro kit de escritura exploratoria: la metáfora.

Capítulo 9

Aventuras en la transformación

$\mathcal{E}$n el proceso de *sensemaking*, es ineludible recurrir a la metáfora (yo lo he hecho y no tengo el menor remordimiento). *Metáfora* es simplemente una palabra o expresión comodín que guarda cierta relación de semejanza con lo que quieres transmitir y que usas para expresar lo que estás pensando. Hay otros términos que tal vez te resulten familiares que también entran en este espacio.

Símiles como «la vida es como una caja de sorpresas» son un tipo específico de metáfora; afirman explícitamente que existe una similitud en lugar de decir «la vida ES una caja de sorpresas». Una analogía es una metáfora* que está siendo utilizada con un fin: explicar algo a través de otra cosa (veremos la analogía con más detalle en el capítulo trece). Pero normalmente no somos tan conscientes de la mayoría de nuestras metáforas. Están tan arraigadas en nuestro lenguaje y nuestro pensamiento que la mayor parte de las veces ni siquiera las vemos, a pesar de que nos resulta casi imposible construir una frase sin ellas (lo he vuelto a hacer: acabo de usar dos metáforas de cavar/construir y una visual, y eso que no lo pretendía).

Nuestra confianza en las metáforas significa que pueden ser una poderosa herramienta para la magia mental si aprendemos a emplearlas sistemáticamente a nuestro favor en lugar de hacerlo en nuestra contra.

Las metáforas de gestión

Utilizamos metáforas porque así es como funciona nuestro cerebro: nos resulta mucho más fácil pensar en

---

* N. de la T.: Hay ciertas diferencias en cuanto al concepto de metáfora en castellano, así como en lo referente a los subtipos (en castellano, por ejemplo, no se considera la analogía como un tipo de metáfora, sino que se trata de un recurso diferente; todas las metáforas parten de alguna especie de analogía, cierto, pero no toda analogía se ajusta al formato y abstracción propios de la metáfora).

términos de cosas conocidas y experimentables. Podemos acceder a lo que no sabemos y expresar lo que no podemos expresar en términos de lo que *sí* conocemos y *sí* podemos expresar. Este es un beneficio cognitivo increíble. Pero las metáforas también tienen un coste cognitivo: es fácil olvidarse de que la metáfora no es la cosa en sí misma. Si las usamos intencionadamente, pueden ayudarnos a ser más creativos, a resolver problemas y, por supuesto, a comunicar mejor nuestras ideas a los demás. Pero si no somos conscientes de ellas, pueden hacernos tropezar. A continuación verás tres maneras en que las metáforas pueden actuar en nuestra contra:

1. Pueden generar emociones que no nos ayudan

Nunca olvidaré una conversación con una mujer que estaba a punto de llorar debido a su situación laboral. Me dijo que tenía la sensación de estar haciendo malabarismos con platos giratorios, y su tono de voz delataba su miedo atroz de que, algún día (no muy lejano), uno de esos platos se cayera y se rompiera. No me extrañó que tuviera estrés. ¡Y qué forma más absurda de pasar el día! La invité a que pensara sobre si había alguna otra metáfora que pudiera usar para reflexionar sobre las formas en que su trabajo implicaba tantas prioridades diferentes y opuestas. Experimentamos con la idea de que su trabajo era como un tapiz, que tenía colores distintos según el momento, para crear la obra completa, y fue asombroso cómo transformó su estado emocional la nueva imagen. Esta metáfora era más tranquila, creativa y productiva, y se relajó notablemente mientras la desarrollaba.

2. Pueden crear conflicto

Si tu idea de formar parte de una organización se basa en la metáfora de una familia, en la que sus miembros velan los unos por los otros y sus valores básicos son la confianza, la aceptación y la pertenencia, pronto tendrás conflictos con alguien cuya metáfora sea la del equipo deportivo de élite, donde vales lo que sacaste en tus últimas puntuaciones. Estos problemas no pueden aflorar o resolverse hasta que todas y cada una de las personas implicadas hayan entendido la metáfora subyacente del resto.

3. Pueden limitar nuestra capacidad para encontrar soluciones

Un famoso estudio dirigido por Paul Thibodeau y Lera Boroditsky, en 2011, demostró cómo el lenguaje metafórico puede limitar la forma de pensar de las personas sobre un problema sin que se den cuenta.[1] Hicieron un experimento en el que hablaron de la delincuencia urbana usando una de dos metáforas contextualizadas para los dos grupos que participaban en la investigación: a uno de los grupos le describieron la delincuencia como una enfermedad que estaba infectando la ciudad, y al otro, como si fuera una bestia que la estaba devorando. A continuación invitaron a los participantes a que sugirieran soluciones. Descubrieron que aunque los sujetos ni siquiera eran conscientes de la metáfora que les habían transmitido, sus soluciones reflejaron ese contexto. Los del grupo donde se había hablado de la delincuencia como un virus adoptaron una visión de diagnóstico/tratamiento/inoculación, mientras que los que recibieron la idea del depredador adoptaron la de la lógica de captura/fuerza/castigo.

La escritura exploratoria puede ayudarnos a ser más conscientes y curiosos en el momento de explorar las metáforas que utilizamos a diario y a usarlas intencionadamente para que jueguen a nuestro favor.

Pero antes de que podamos empezar a trabajar eficazmente con metáforas en la escritura exploratoria, primero tendremos que ser conscientes de ellas.

Las metáforas emergentes

Este ejercicio es muy útil para conectar tu radar de metáforas (¡oooh, ya tenemos otra!) de modo que empieces a ver cómo pueden estar influyendo en tus actitudes sin que te des cuenta.

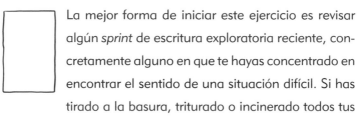 La mejor forma de iniciar este ejercicio es revisar algún *sprint* de escritura exploratoria reciente, concretamente alguno en que te hayas concentrado en encontrar el sentido de una situación difícil. Si has tirado a la basura, triturado o incinerado todos tus *sprints* antiguos, programa el avisador para dentro de seis minutos y practica la escritura libre para responder a este motor de arranque: *Mi trabajo es...*

Ahora lee lo que has escrito e intenta descubrir todas las metáforas que has usado. Recuerda que tal vez estén ocultas ante tus propias narices; identifica sin piedad cualquier cosa que no sea cierta literalmente (lo más probable es que haya más de las que te imaginas). ¿Qué has observado? ¿Hay alguna metáfora dominante? ¿Cuáles te llaman más la atención? ¿Son útiles o no? ¿Cómo pueden estar limitando tu pensamiento o condicionando tu conducta? ¿Cuál puede ser su origen?

Para empezar, aquí tienes un ejemplo de un discurso típico:

Mi trabajo me absorbe todo mi tiempo. No tengo ocasión para sentarme a reflexionar sobre lo que quiero hacer, me paso la vida reaccionando, apagando incendios. Cuando alguien se acerca a mi mesa de despacho, me apuntalo porque sé que me va a arrojar algo más con lo que tendré que seguir haciendo malabarismos. Es agotador, pero parece que mis compañeros no valoran todo lo que hago y siguen añadiendo más leña al fuego. Mi jefe es aún peor: no solo no se da cuenta de todo lo que corro solo para poder permanecer en el sitio, sino que no deja de predicar sobre la «visión global» y el «desarrollo personal», que para él es perfecto porque como capitán se sienta en el puente de mando, mientras que los otros sudamos la gota gorda en la sala de máquinas; ¿quién tiene tiempo para estas cosas allí abajo, que es donde se trabaja de verdad?

Aquí hay muchas metáforas que comunican un estado mental de pánico y saturación: absorbe todo su tiempo (un monstruo voraz), apaga incendios mientras los demás echan más leña al fuego, le arrojan cosas, corre sin moverse del sitio, imagina que el jefe es un predicador en un púlpito y que el capitán está en su lujosa zona, la claustrofóbica sala de máquinas donde todos sudan...

¿Cómo influyen todas esas imágenes mentales en el estado emocional del escritor? ¿Qué es probable que influya en su trabajo y en sus relaciones con su jefe y sus compañeros?

Vale, lo reconozco, esto es casi una metáfora de un motín, pero no se diferencia mucho de algunas de las respuestas que han compartido conmigo algunos de los participantes de mis talleres. Y lo más interesante es que la mayoría de esas personas no tenían ni idea de que estaban usando metáforas y se quedaron atónitas al descubrir el impacto que podían haber tenido en sus reacciones, emociones, relaciones y conducta en su trabajo.

Una vez que eres consciente de las metáforas y analogías que usas sin darte cuenta, puedes elegir cambiarlas intencionadamente. Como la mujer que se había visto haciendo malabarismos con los platos giratorios y que decidió cambiar su imagen por la de crear un tapiz con los diferentes hilos de sus responsabilidades, tú también puedes decidir no ver a tu jefe por el puente de mando mientras sudas en la sala de máquinas porque es más constructivo verlo como el timonel del barco en el que remas con tus compañeros, como el que vigila el rumbo y coordina vuestros esfuerzos. ¿Cambiaría eso tu conducta? No directamente, pero cambiaría tu actitud que, con el tiempo, transformaría *tu* conducta, y esto es lo que, en última instancia, modificaría la conducta que los demás tienen hacia ti.

Cuando hayas hecho este ejercicio para ti, te darás cuenta de que estás más en sintonía con las metáforas en general (hay otra, mira) y más capacitado para identificarlas tanto en el discurso de otras personas como en el tuyo. Esto implica que estás más preparado para entender de qué forma esas visiones del mundo están moldeando su experiencia y sus actitudes. La próxima vez que hables con alguien respecto a algo que supone un reto para ti o que recibas un correo electrónico desagradable, conviértete en forense: busca las metáforas y piensa en cómo podrían estar influyendo en sus sentimientos respecto a esa situación. (Puedes utilizar esto como una variante del ejercicio de la empatía que vimos en el capítulo seis).

Las metáforas emergentes en uso son una cosa; encontrar otras nuevas más útiles es otra habilidad distinta. Una de mis formas favoritas de hacer esto (en parte, ejercicio cognitivo útil y, en parte, truco) es la metáfora forzada.

Las metáforas forzadas

Esta es simplemente una de las técnicas de creatividad más poderosas, energizantes y mágicas que conozco, y cuando la tengas en el bolsillo *nunca* más te quedarás bloqueado para escribir o para encontrar soluciones a los problemas. Surge a raíz del impulso cerebral de dar sentido a las cosas, cuya naturaleza es crear patrones y buscar conexiones en los lugares más insospechados.

En este caso, la diferencia se encuentra en que no existe una historia obvia que pueda crear nuestro cerebro; tiene que trabajárselo mucho para dar un salto cognitivo creativo y encontrar conexiones que no son evidentes, así que el *sensemaking* se convierte en un proceso plenamente consciente.

Si tú y yo estuviéramos sentados juntos y pudiéramos hacer este ejercicio en persona (¿no te parece que sería fantástico?), simplemente, te pediría que te fueras a dar un paseo a la calle y que me trajeras tres cosas. Podrían ser literalmente tres cosas físicas del exterior o algo que hubieras visto y que quisieras contarme. Tal vez me trajeras una bellota y un paquete de patatas chips vacío y me hablaras de un avión que sobrevuela por encima de nuestras cabezas, por ejemplo. (Soy consciente de que no son precisamente objetos poéticos como los que aportarían Shelley y Keats, pero te pido que seas comprensivo).

Si tienes tiempo y ganas, te animo a que lo hagas ahora mismo: ve a dar una vuelta, trae tres cosas y ponlas literalmente delante de ti en tu mesa de despacho (si es una idea, desarróllala por escrito) o, si no te las puedes llevar a casa, dibújalas en una nota adhesiva. Si puedes salir, hazlo: ¡el mero hecho de estar en contacto con el aire fresco y la naturaleza te ayudará a conectar con tu energía y tu creatividad! Pero si no te es posible salir ahora, mira a tu alrededor e identifica tres objetos que te llamen la atención.

¿Ya tienes tus tres objetos? Bien.

En este ejercicio, vamos a explorar de qué modo iluminan metafóricamente estos objetos la situación a la que te estás enfrentando. Este es el último paso: elige un problema o situación actual para el que te gustaría tener una nueva perspectiva.

Y sí, soy consciente de que probablemente estés mirando tus objetos y estés pensando: «¿De verdad?». Pero eso es justamente de lo que se trata: no parece que exista ninguna similitud aparente, así que vas a tener que trabajar para encontrar los puntos de conexión. Cuando los encuentres te sorprenderán, te encantarán y te enseñarán algo totalmente nuevo: ese es el poder de la metáfora, querido lector o lectora.

Brian Eno lo expuso bellamente: «Si quieres conseguir algo diferente es una buena idea buscar un punto de partida diferente».[2] Aquí lo que estoy haciendo es ofrecerte un punto de partida totalmente distinto, y eso tiene un efecto mágico sobre tu cerebro.

Las personas que hacen este ejercicio por primera vez no lo ven claro: ni entienden su funcionamiento ni quieren «fracasar». Pero recuerda que su poder no reside en lo «buenos» que sean los objetos que has encontrado, o ni siquiera en lo creativo que seas, sino simplemente en cómo funciona tu cerebro. Ya hemos visto la elaboración instintiva, ese reflejo mental que genera respuestas por defecto a cualquier pregunta, y la forma en que estamos programados para dar sentido y establecer conexiones a través del proceso de *sensemaking*. Aquí confías en esos dos impulsos neurológicos fundamentales, no en tu inteligencia. La velocidad de un *sprint* de escritura libre implica que no puedes darle vueltas al asunto: te elimina como obstáculo y deja que sea tu cerebro el que haga el trabajo.

Programa tu avisador y echa un vistazo a tus tres objetos al azar: tu motor de arranque para este *sprint* es simplemente «X es como Y porque...», donde X será un problema o tema mental e Y uno de los objetos que has encontrado. Si estás en racha con el primer objeto, sigue escribiendo sobre él durante seis minutos; si no sabes qué decir, prueba con los otros dos hasta que encuentres un taco de salida para iniciar la carrera; basta con que uses tu sentido común y escribas todo el tiempo que puedas sobre un objeto y luego pases al siguiente cuando sea el momento. Recuerda que ahora nadie está juzgando lo «bien» que has hecho esta tarea. Y si no te funciona, bueno, solo habrás perdido seis minutos de tu día. Pero estoy bastante segura de que te sorprenderás a ti mismo con al menos una o dos reflexiones sobre lo que parecía una premisa nada prometedora.

Cuando estaba escribiendo esta sección, cuidadosamente, volví a hacer este ejercicio para mí. Acababa de regresar de correr junto al canal, así que usé «viajar en barcaza» como uno de mis motores de arranque, y el tema al que me estaba enfrentando era contratar a una persona nueva. Incluso yo, con la práctica que tengo con esta técnica, al principio me pregunté si había elegido mal. Durante el primer minuto más o menos, no pude ver ninguna conexión y lo que escribía empezaba a revelar mi desesperación. Hasta que de pronto escribí:

VALE, hay algo respecto a tener que tener un lugar para cada cosa, porque no hay lugar para el desorden, que es un poco como tener que escribirlo todo y sistematizarlo porque ya no está solo en mi cabeza...

Y luego:

> Cuando viajas en una barcaza has de escoger bien con quién viajas porque tiene que ser hábil con la cuerda y saber manejar una esclusa, pero también has de poder convivir con esa persona en un espacio reducido, por lo que su actitud es muy importante. ¿Cómo puedo incorporar eso en mi descripción del puesto?

Ambas visiones fueron útiles y relevantes. Siempre va bien, ¡solo tienes que abrirte, tener ganas de divertirte y confiar en el proceso!

Te animo a que pruebes este truco (y sí, parece un truco) varias veces, en parte porque te ayudará a encontrar soluciones creativas para el problema que tienes entre manos, por supuesto, pero también porque te ayudará, siempre que lo necesites, a forjar confianza en tu propia capacidad para no encasillarte en tu forma de pensar. No tienes que ir de un sitio a otro esperando a que aparezca la metáfora o analogía adecuada perfectamente terminada. Pero puedes empezar desde donde estás ahora y usar todo lo que tienes a mano que te permita arrancar tu creatividad. Saber que básicamente puedes invocar algo de la nada en un momento es una gran inyección de confianza.

Por el momento, hemos visto cómo la escritura exploratoria nos ayuda a *ser* mejores y a *hacerlo* mejor en la vida y en el trabajo. En los dos últimos capítulos de esta sección, veremos cómo podemos utilizarla para *sentirnos* mejor, es decir, para favorecer nuestro bienestar.

Capítulo 10

Aventuras en el autoconocimiento

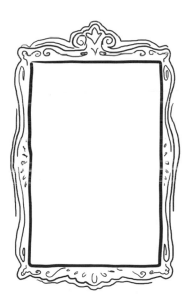

Εn el capítulo dos conocimos al chimpancé, esa zona ancestral y reactiva (a menudo superreactiva) de nuestro cerebro.

Aunque lo de domesticar al chimpancé es una labor poco fiable, la escritura exploratoria puede ayudarnos en la eterna tarea de aprender a tratarlo con más eficacia.

Voy a sugerir tres formas específicas en que puede hacerlo:

- Permitiendo que sienta que lo hemos oído.
- Reconociendo y celebrando las cosas que le importan.
- Dándole la vuelta a su negatividad instintiva para generar más resultados positivos.

Escucha al chimpancé

Francamente, una de las razones por las que solemos tener al chimpancé con la correa bien corta es porque sabemos que no da buena imagen. No suele gustarnos demasiado estar en compañía de personas negativas ni tampoco nos gusta cargar con la reputación de ser una de ellas. Otra de las razones es que nos asusta perder el control: una vez que nos han sacado de nuestras casillas, nos preguntamos hasta qué extremo de locura puede llegar nuestro chimpancé y qué mal trago nos hará pasar tener que confrontar esa basura. Vale más tener la olla tapada.

Cuando el doctor Steve Peters, autor de *La paradoja del chimpancé*, trabajó con el equipo olímpico de ciclismo de Gran Bretaña, puso una regla: los atletas podían recurrir a él para exponerle sus quejas, pero si lo hacían, tenían que quejarse durante quince minutos seguidos. No hubo nadie que consiguiera hacerlo.[1] Resulta que cuando le damos rienda suelta a nuestro chimpancé, este es incapaz de mantener su negatividad durante mucho tiempo. Se cansa. Pero, como es lógico, la mayor parte de las veces *no* le concedemos esta atención total y libre, y él a su vez nos lo paga con un sutil goteo de negatividad constante que intentamos ignorar activamente la mayor parte de nuestro tiempo.

El chimpancé quiere que lo escuchen, y no hacerlo no lo disuadirá para que deje de incordiarnos. La escritura exploratoria nos aporta un espacio seguro y tranquilo, donde experimentar escuchando lo que quiere decirnos, un espacio en el que podemos ver qué es cierto y qué no lo es, para considerar las cosas racionalmente y responder con las pruebas que sean necesarias.

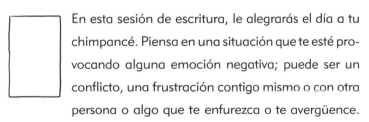

En esta sesión de escritura, le alegrarás el día a tu chimpancé. Piensa en una situación que te esté provocando alguna emoción negativa; puede ser un conflicto, una frustración contigo mismo o con otra persona o algo que te enfurezca o te avergüence.

(Te recomiendo que seas sensato: esto es magia cotidiana para frustraciones cotidianas, así que elige algo que puedas manejar, no verdaderos traumas para los que se necesita la ayuda de un terapeuta profesional).

Ahora, dedica seis minutos a darle rienda suelta a tu chimpancé a través de la escritura libre. Deja que te diga exactamente qué es lo que te quiere decir, cómo se siente, por qué y lo injusto que es todo. Recréate en tu propio sufrimiento o despotrica sobre el papel. No juzgues, solo observa lo que ves. Probablemente no necesitarás un motor de arranque, pero si quieres uno prueba este: *No puedo decirle esto a nadie, pero...*

Escuchar a tu chimpancé puede ser bastante emotivo o inquietante, por lo que te recomiendo que cuando vuelvas a leer lo que has escrito, seas amable contigo. Quizás te ayude imaginarte como un consejero o simplemente como un buen amigo que escucha a alguien que está sufriendo: solemos ser mucho más amables con los demás que con nosotros mismos.

Normalmente, en este ejercicio, la gente se da cuenta de que hay elementos verdaderos y falsos: exageración, catastrofismo, generalización, suposición, etc. Muchas veces, la verdad se relaciona con nuestras necesidades más fundamentales, por ejemplo reconocimiento, seguridad, libertad y otros. Aprender a identificar nuestras propias «necesidades primarias» (como las llama Alice Sheldon)[2] no solo puede ayudarnos a entender por qué se activa nuestro chimpancé, sino a asegurarnos de que se reconocen y satisfacen sus necesidades. Con la práctica, también desarrollaremos nuestra habilidad para detectar dichas necesidades en los demás, que es donde practicar la autoempatía traspasa sus fronteras y nos ayuda a empatizar con los demás.

Celebra al chimpancé

Cuando ya hayas escuchado lo que tenía que decir el chimpancé, tu humano tendrá que decidir qué hacer con la nueva comprensión que ha adquirido.

Probablemente, ya te habrás dado cuenta de que el mero hecho de escribir los pensamientos negativos les resta fuerza (esto se llama «etiquetado afectivo» y es una reconocida técnica de regulación emocional). Hoy vamos a dar un paso más: en vez de limitarnos a mitigar el impacto negativo del chimpancé, buscaremos algún motivo para celebrarlo en su interior.

Parece de locos, ¿verdad? ¿Qué se puede celebrar con toda esa negatividad? Recuerda que las cosas que crean las emociones más fuertes en nosotros son aquellas que más nos importan. Tal como dice Alice Sheldon:

> Si podemos empezar a entender que nuestros sentimientos son valiosos mensajeros de nuestras necesidades, podremos aceptarlos, ver el sentido de lo que nos están diciendo y actuar al respecto siendo conscientes de nuestros actos. Bien entendidos, nuestros sentimientos son más un recurso que una distracción que se interpone en nuestro camino. Son un indicador de lo que es importante para nosotros en un momento dado.[3]

Dicho de otro modo, si puedes detectar las cosas que más alteran a tu chimpancé, puedes descubrir lo que más te importa. Dan Pink dice algo similar cuando habla del arrepentimiento:

> Si entendemos qué es lo que más lamenta alguien, entendemos lo que más valora [...] así que cuando te habla de lo que se arrepiente, te está diciendo indirectamente lo que más valora.[4]

Otra razón para celebrar a tu chimpancé es que es una prueba de que tu intuición está funcionando bien: está alimentada por el miedo, y si no fuera por el miedo, no habrías sobrevivido el tiempo suficiente para estar leyendo este libro. Elizabeth Gilbert expone maravillosamente cómo cambió su relación con el miedo al reconocerlo como una parte inevitable del proceso creativo y dejar de intentar superarlo o reprimirlo:

> Le hablo con mucho cariño. Siento mucha compasión por él como entidad. Con el tiempo, me he dado cuenta de que no es un defecto. Es algo innato, viene de fábrica. El miedo tiene una misión evolutiva, que es: «No hagas nada nuevo ni nada de lo que desconozcas el resultado, porque puede ocasionarte la muerte». El miedo va a estar siempre presente cuando intentes hacer algo creativo porque la creatividad te exige que pruebes algo nuevo, y no sabes cuál será el resultado [...] Yo solía luchar contra

él. Pensaba que tenía que ser más valiente, y ahora ya no creo que tenga que serlo. Creo que tengo que ser más amable y más curiosa. En eso consiste la valentía.[5]

Tu chimpancé puede decir cosas desagradables, pero cuando te das cuenta de que la razón de todo es su inquebrantable instinto de mantenerte a salvo, es más fácil responder a eso con compasión y elegir actuar de todos modos. Puedes reconocer el sufrimiento potencial que ve tu chimpancé y aceptarlo como el precio justo que has de pagar por los posibles beneficios que tú ves.

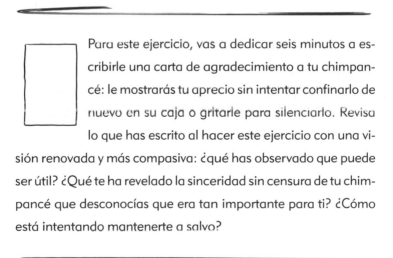

Para este ejercicio, vas a dedicar seis minutos a escribirle una carta de agradecimiento a tu chimpancé: le mostrarás tu aprecio sin intentar confinarlo de nuevo en su caja o gritarle para silenciarlo. Revisa lo que has escrito al hacer este ejercicio con una visión renovada y más compasiva: ¿qué has observado que puede ser útil? ¿Qué te ha revelado la sinceridad sin censura de tu chimpancé que desconocías que era tan importante para ti? ¿Cómo está intentando mantenerte a salvo?

Tal vez sientas que todavía no eres capaz de celebrar a tu chimpancé, pero al menos lo entiendes un poco mejor.

Y si tu chimpancé se siente valorado es probable que te cause menos problemas en el futuro. (Esto sirve también para la mayoría de los humanos).

Dale la vuelta al chimpancé

Una forma de responder a este vertido de negatividad es al estilo *ninja*: no te limites a escuchar al chimpancé, dale la vuelta al vertido. En el primer ejercicio, hemos manifestado algunas historias y creencias negativas, las hemos sacado a la luz y hemos podido verlas con claridad; en el siguiente, las utilizarás para llegar al otro extremo, donde serás capaz de reconocerlas como superpoderes en potencia.

Ahora bien, yo no sé qué es lo que te ha echado en cara tu chimpancé en la primera sesión de esta sección. Pero sea lo que fuere, en estos momentos tienes una serie de historias que cuenta sobre ti y tu vida, y es más que probable que sean bastante duras y crueles. Aquí tienes algunos ejemplos que suelen surgir cuando dirijo este ejercicio en mis talleres:

«No tengo nada original que decir».
«Soy desorganizado y perezoso».
«No administro bien mi dinero».
«Siempre digo lo que no toca».
«No le caigo bien a nadie».

Ni es grato oír esto ni de mucha utilidad. Pero ya sabes que cualquier cosa cruel o negativa que te diga tu chimpancé, en el fondo lo hace para protegerte. Le aterra el riesgo y teme el fracaso o el abandono. Si lo que pretendemos es cambiar la historia, tendremos que ser algo más inteligentes y no limitarnos a responder con más gritos: «¡Eso no es cierto!». En su lugar, vamos a utilizar un tipo de escritura exploratoria al estilo *ju-jitsu*, es decir, empleando el poder de la negatividad contra sí mismo para generar algo más útil.

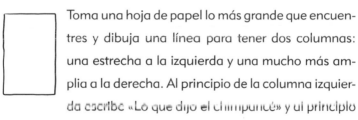

Toma una hoja de papel lo más grande que encuentres y dibuja una línea para tener dos columnas: una estrecha a la izquierda y una mucho más amplia a la derecha. Al principio de la columna izquierda escribe «Lo que dijo el chimpancé» y al principio de la de la derecha escribe «Cómo le di la vuelta».

Y aquí es donde sucede la magia: vas a invertir cada una de las afirmaciones negativas que has escrito en la sesión de escritura anterior y la vas a convertir en un superpoder. Como has hecho antes, para poder ser más objetivo y más compasivo, ayuda bastante fingir que estás hablando con otra persona, quizás con algún amigo al que le falta confianza en sí mismo.

Por ejemplo, si tu chimpancé te ha dicho que no tienes suficiente experiencia para el reto o el papel que tienes delante, puedes convertirlo en un superpoder reconociendo que tu falta de experiencia significa que eres más humilde y más abierto y que estás más motivado a aprender que otra persona más experimentada en dicho papel.

Tal vez te ayude imaginarte que eres un fiscal decidido a presentar una demanda contra el chimpancé; diviértete interpretando. Lo que estás haciendo es poner a prueba el relato del chimpancé, mostrándote a ti mismo otros relatos, a la vez que practicas el sentido lúdico y la resiliencia.

Prepara tu avisador y las dos columnas («Lo que dijo el chimpancé» y «Cómo le di la vuelta»), practica la escritura libre como respuesta y ¡observa qué pasa!

No es fácil encontrar el término medio entre dejar que las historias negativas profundamente arraigadas de tu chimpancé salgan a la luz y recibirlas con respuestas de reconocimiento, compasión y curiosidad más positivas. Si sientes que todavía no lo has hecho lo bastante bien, no te preocupes: es una práctica para toda la vida, no de un solo día.

Pero a medida que vayas usando la escritura exploratoria con más regularidad, empezarás a confiar más en la página como un espacio seguro donde plasmar las emociones negativas sin juzgarte (los miedos, los lamentos, las frustraciones e incluso los agravios) e irás ganando confianza en tu capacidad para verlas con compasión y curiosidad. No son más que historias que te cuentas a ti mismo que revelan cosas útiles respecto a tu persona, pero tienes el poder de tomar y usar lo que te es útil, reescribir lo que no lo es y seguir con tu vida.

La escritura exploratoria puede ayudarnos a conocernos mejor a nosotros mismos, aceptar aquellos aspectos que nos resultan difíciles y hacer que nos sintamos mejor (no simplemente actuar mejor). No obstante, no es la única manera; en el próximo capítulo veremos con mayor detalle el tema del bienestar.

Capítulo 11

Aventuras en el bienestar

$\mathcal{P}$or cierto, ¿qué ES el bienestar? Lo reconozco en cuanto lo veo (o más bien, en cuanto lo siento), pero cuando me puse a escribir este capítulo me di cuenta de que no sabía cómo definirlo exactamente.

De todas las definiciones que busqué, la que para mí tenía más sentido fue la de un grupo de investigadores de la Universidad Metropolitana de Cardiff, en 2021.

Definen el bienestar como «el equilibrio entre la reserva de recursos de un individuo y los retos a los que se enfrenta [...] El bienestar estable es cuando los individuos cuentan con los recursos psicológicos, sociales y físicos que necesitan para afrontar un reto psicológico, social y físico».[1] Esta definición me gusta por tres razones. La primera porque nos otorga una flexibilidad individual infinita: para mí hablar delante de cien personas es un reto, aunque tal vez tú lo hagas sin pestañear antes del desayuno. Esta flexibilidad no se aplica únicamente entre individuos distintos, por supuesto, sino al mismo individuo en diferentes momentos del mismo día, dependiendo de la tensión dinámica existente entre los recursos y los retos del momento. Todos los días salgo a correr sin pensármelo, pero una noche, que regresé tarde a casa porque venía de una feria de muestras, hecha polvo y con dolor de pies, para no perder el hábito decidí salir a correr de todos modos; recuerdo que casi lloré al atarme los cordones de las zapatillas deportivas: la idea de dar un par de vueltas al parque corriendo me parecía tan inasumible como si del Maratón des Sables se tratase. Mis agotados recursos físicos no bastaban para algo que cualquier otro día no habría supuesto el menor esfuerzo.

La segunda razón por la que me gusta esta definición es que implica que no tener retos es tan poco saludable como estar agobiado, como demostró el psicólogo Mihaly Csikszentmihályi: la felicidad o según su propia terminología, «el estado de fluir», reside en una franja relativamente estrecha que se encuentra entre la ansiedad y el aburrimiento.[2]

Y la última razón por la que me gusta esta definición, y una de las más relevantes en el contexto de la escritura exploratoria, es porque revela que no necesariamente hemos de estar agobiados por algún desafío *si*, tarde o temprano, podemos equilibrarlo aumentando nuestros recursos.

Autoabastécete de recursos

¿Cómo incrementamos nuestros recursos? Los investigadores de Cardiff identificaron tres tipos de retos y de recursos: psicológicos, sociales y físicos (o una combinación de los tres). Voy a ir hacia atrás en este tema, en sentido contrario, para evaluar en qué parte la escritura exploratoria puede sernos útil.

Físico

Aquí no hay ningún misterio. La mejor forma de recargar recursos físicos es a través de los principios antiguos e irrefutables expresados magníficamente por la *coach* Sara Milne Rowe, en su método SHED:* sueño, hidratación, ejercicio y dieta.[3] Si esperas que te diga que la escritura exploratoria puede sustituir a alguno de estos

---

* N. de la T.: Acrónimo de las palabras que vienen a continuación y que a su vez forma el verbo inglés *shed* (relacionado con la regeneración. Se utiliza en expresiones como 'mudar la piel', 'perder las hojas'...).

cuatro, siento decepcionarte. Pero, tal vez, sorprendentemente, no sea una pérdida total en el frente físico: se ha demostrado que la escritura exploratoria puede reforzar el sistema inmunitario y ayudarnos a dormir mejor,[4] así que no te apresures a descartarla por completo.

Social

Las relaciones significativas y positivas puntúan muy alto en la «lista de cosas que favorecen el bienestar» con la que cuenta cualquier psicólogo, y supongo que volverás a pensar que aquí la escritura exploratoria tiene una aplicación limitada. Necesitas pasar tiempo con las personas haciendo las cosas, ¿verdad? Pero, como no podría ser de otro modo, la práctica en solitario de la escritura exploratoria tiene beneficios inesperados en el ámbito social. Por ejemplo, puede ayudarnos a resolver problemas de relaciones en un espacio seguro, antes de que decidamos si queremos tener un enfrentamiento directo. Al explorar conscientemente las situaciones desde la perspectiva de otras personas, desarrollamos nuestra empatía, lo cual a su vez nos beneficiará en nuestras relaciones.

A veces no es culpa nuestra, sino del otro, y alejarnos un poco de esa persona puede ayudarnos a entender por qué es tan estúpida e irritante y a descubrir cuál podría ser la mejor forma de abordar el tema con ella.

No obstante, aunque no me guste reconocerlo, la mayoría de las veces, la culpa no es del otro, sino mía. Y si este es el caso, las herramientas de escritura exploratoria para el autoconocimiento, como las que hemos visto en el capítulo anterior, pueden ayudarme a identificar qué es lo que me hace saltar y reconocer mi propia irritante estupidez y explicárselo a los demás si es necesario. En ese momento, tengo más recursos para hacer algo al respecto, lo cual siempre beneficia a la relación. (En caso contrario, puede revelar que la relación ha seguido su curso, y eso también puede ser muy beneficioso para el bienestar).

Psicológico

Pero es en la última categoría, los retos psicológicos como la ansiedad, el monólogo interior negativo o la insatisfacción (¡Hola, chimpancé!), donde la escritura exploratoria se convierte en una herramienta que nos ayuda a crear nuestros propios recursos y a mantener nuestro bienestar.

Todos los días, hemos de enfrentarnos a la incertidumbre y al agobio en el trabajo, y a menudo trabajamos a distancia, siempre «conectados». Cuando volvemos a casa (y después de la pandemia, lo que quiero decir con «ir a casa» es simplemente «dejar de hacer lo que solemos considerar trabajo y dirigir nuestra atención a otros aspectos de la vida»), no necesariamente es más fácil. Tanto si estás escuchando las noticias como haciendo virguerías con el presupuesto de gastos de la casa para poder pagar las elevadas facturas de la electricidad o planificando impresionar a tus vecinos a los que has invitado a cenar, todo sigue siendo muy estresante. Algunas cosas las elegimos nosotros, otras hemos de hacerlas a la fuerza. (Aquí no me estoy refiriendo a la depresión clínica o a los traumas reales, para los cuales es mejor recurrir a un profesional cualificado, sino a las ansiedades de todos los días, para las cuales la magia de la escritura exploratoria es más apta).

Será en esta área de autoabastecernos de recursos en la que nos centraremos el resto de este capítulo. Empezaremos revisando brevemente el hecho de que se ha demostrado que escribir favorece la salud psicológica.

La escritura terapéutica

Hace siglos que sabemos que escribir puede tener una dimensión terapéutica. Aristóteles, al responder al ataque de Platón a la poesía, dijo que la tragedia era valiosa porque producía «catarsis», la purga de las emociones negativas de lástima y miedo, aunque a decir verdad se estaba refiriendo al efecto sobre la audiencia más que a los escritores de la tragedia. Freud también defendía que reprimir las emociones y los traumas era peligroso, aunque se centró más en la terapia de hablar que en la de escribir.

Pero no fue hasta 1986 cuando el concepto de escritura expresiva como herramienta terapéutica cobró relevancia, a raíz de un estudio trascendental realizado por James Pennebaker y Sandra Beall.[5] Pennebaker había estado estudiando la respuesta del cuerpo al estrés, específicamente en relación con el polígrafo o los detectores de mentiras, y observó que tras haber confesado su culpa, los sujetos no solo parecían menos estresados, sino positivamente aliviados. Empezó a investigar las implicaciones para la salud de abrirse a los traumas en lugar de reprimirlos. Para evitar la situación ética y práctica de tener que pedir a la gente que se sincerara y hablara de sus temas personales con extraños, se le ocurrió un proceso más viable, que denominó «escritura expresiva».

Los resultados fueron notables. El grupo al que se le dijo que escribiera todos los días durante quince minutos sobre experiencias traumáticas de su pasado obtuvo beneficios significativos y duraderos para su salud, incluido tener que realizar menos visitas al médico, y este descubrimiento se repitió en otros experimentos posteriores. Los que practicaron la escritura expresiva tenían menos ansiedad, mejoró su memoria y aumentó la calidad de su sueño, y rendían más en sus trabajos en comparación con el grupo de control.

Pennebaker, intrigado por tales resultados, realizó más estudios para descubrir qué había en la práctica de la escritura que producía esas mejorías tan espectaculares. Observó que los sujetos que habían obtenido mayores beneficios tenían la tendencia a cambiar de perspectiva con el paso del tiempo y también a usar más palabras de *sensemaking* (*realizar*, *porqué*, *razón*). No era solo la catarsis lo que hacía que estas personas se sintieran mejor, sino el procesamiento de la experiencia.

Julia Cameron también habla de esto en *El derecho y el placer de escribir*. Cita a un «ejecutivo» que utiliza una poderosa metáfora para la escritura exploratoria como parte de su día laboral:

> Tengo demasiado que metabolizar –dice Joseph–. En un día conozco a tanta gente y hago tantas cosas que necesito un espacio para preguntarme qué pienso realmente de todo esto. Sin escribir, mi vida pasa como un soplo sin que pueda darme cuenta de nada.[6]

Esta no es una persona que procesa el trauma como los sujetos de Pennebaker. Joseph, al igual que tú y que yo, lleva una pesada carga, y escribir es la intervención terapéutica básica y abierta a todas horas que evita que dicha carga llegue a saturarlo.

Entonces, con esta impresionante tradición y base probada a nuestras espaldas, ¿cómo podemos aplicar la escritura exploratoria al terreno práctico del bienestar diario laboral y personal? Considero que hay cuatro áreas principales donde la escritura exploratoria puede reforzar nuestro bienestar psicológico:

- resiliencia mental;
- *sensemaking* para el bienestar;
- *autocoaching*;
- mindfulness.

Vamos a explorar cada uno por separado, a recordar algunas de las técnicas y ejercicios que ya hemos aprendido y a probar otros nuevos.

La resiliencia mental

Un recordatorio para empezar: este libro no es sobre escritura terapéutica. De modo que aquí por *resiliencia mental* me estoy refiriendo a la resiliencia cotidiana: la habilidad de recobrar rápidamente un estado mental positivo y rendir con eficacia después de un acontecimiento estresante o disruptivo, que suele conllevar algún grado de adaptación y flexibilidad.

En segundo lugar, un descargo de responsabilidades: el término *resiliencia* se usa a veces para descargar de culpa a un sistema disfuncional que es el que está provocando el estrés a los individuos que han de lidiar con esa situación. En tales casos, como señala Bruce Daisley, «un llamamiento a la resiliencia por parte de otros es poco menos que inútil».[7] Arreglar el sistema sería infinitamente mejor. Pero si arreglar un sistema no es uno de tus dones, es mejor que te centres en lo que *puedes* controlar, es decir, en tu respuesta al estrés o en lo que es lo mismo: tu resiliencia. Eso no significa que sea correcto, solo estoy siendo pragmática.

Hace unos cincuenta años, la disrupción solía ser un acontecimiento relativamente raro; ahora, es algo bastante cotidiano, especialmente en el trabajo. La consecuencia para muchos es el estrés crónico, con toda la salud negativa e implicaciones en el rendimiento que conlleva, por no hablar de los períodos de baja (o lo que es peor, el presentismo laboral, cuando uno está técnicamente trabajando, pero con apenas rendimiento).

Las personas con mucha resiliencia mental, aunque se enfrenten exactamente a los mismos acontecimientos disruptivos que sus compañeros menos resilientes, obtienen resultados muy distintos: los trabajadores más resilientes no solo están más sanos, sino que suelen mostrar más compromiso y satisfacción en la empresa, son mejores líderes y son capaces de evolucionar y aprender.

En la resiliencia, hay muchos factores implicados (incluidos muchos de los recursos físicos y sociales del bienestar que acabamos de ver), pero también hay algunos recursos psicológicos clave que la escritura exploratoria puede reforzar eficazmente.

Contrarrestar el estrés

En el capítulo cinco presenté la acción como uno de los principios fundamentales que hacen que la escritura exploratoria sea tan eficaz, y aquí es donde esto se demuestra claramente. Una de las causas más comunes de estrés es sentirse impotente o la sensación de que nos suceden cosas sobre las cuales no tenemos ningún control. Pero rara vez estamos tan indefensos como imaginamos. La escritura exploratoria crea un espacio en el que podemos recobrar autonomía, el sentimiento de llevar las

riendas de nuestra propia experiencia. Cuando recupera-
mos la capacidad de contar nuestra propia historia, nos es
más fácil sentir que podemos afrontar mejor los acontecimientos externos.

Reducir el monólogo interior negativo

Esta es otra causa de malestar psicológico bastante
común. Cuando algo va mal, de algún modo asumimos
que la causa está en nosotros. El chimpancé empieza con
su verborrea: «Si fuera más organizado/fuera más inteli-
gente/estuviera mejor conectado (táchese lo que no pro-
ceda), esto nunca hubiera sucedido».

Si no hacemos nada con este tipo de discurso auto-
crítico, puede convertirse fácilmente en una espiral de
pensamiento obsesivo que agota nuestra energía y nos
hace infelices. El viejo dicho de que la luz del sol es el mejor desinfectante podemos aplicarlo aquí: el mero hecho
de exponer nuestro monólogo interior a la luz de la escritura exploratoria nos permitirá ver la crueldad infructuo-
sa de dicho monólogo. Una vez que lo hemos visto podemos cuestionarlo o, simplemente, ignorarlo y centrarnos
en los elementos de la situación que *podemos* controlar, y
observar nuevas vías de soluciones.

Mejorar nuestro sentido lúdico

Del mismo modo que la curiosidad es un gran antí-
doto para el miedo, el sentido lúdico es el enemigo natural del estrés.[8] Cuando somos adultos, normalmente,

no tenemos demasiadas oportunidades de jugar, e incluso cuando estas se presentan, es fácil que nos dé vergüenza aprovecharlas. Esto significa que el sentido lúdico inherente de la escritura exploratoria, en un espacio privado y seguro, puede suponer una poderosa herramienta para la resiliencia. Una vez que hayas adquirido práctica con ejercicios de pensamiento como el que se incluye en «Dale la vuelta al chimpancé» (página 154) o el de «Las metáforas forzadas» (página 141), podrás utilizarlos para revertir una situación difícil o incluso transformar tu catástrofe en comedia.

Sensemaking para el bienestar

¿Recuerdas el *sensemaking*? Es una de las habilidades básicas de la escritura exploratoria que hemos visto en el capítulo seis, y una de sus aplicaciones más útiles es como herramienta para el bienestar.

Cuando no sucede nada extraordinario, nuestro cerebro sigue su curso. La mayor parte de las veces, la mayoría nos las arreglamos con una serie de guiones y suposiciones vagas y desordenadas, que no nos exigen demasiado y que, en general, nos resultan bastante útiles. Son hábitos mentales y les damos tan poca importancia como a tener que decidir cada mañana qué zapato nos ponemos primero. Cuando las cosas se ciñen bastante a como las habíamos previsto, no es necesario que recurramos explícitamente al *sensemaking*.

No obstante, lo inesperado, nuevo o disruptivo pone a prueba nuestra forma de pensar habitual. Esto puede ocasionarnos una experiencia psicológica negativa (ira, duelo, negación), mediada por el chimpancé, o puede conducirnos a un intento más consciente, mediado por el humano, de dar sentido a la nueva experiencia. Todos sabemos cuál es la respuesta que más favorecerá nuestro bienestar.

En nuestra vida cotidiana, damos sentido a las cosas, principalmente, de dos maneras: pensando y conversando con los demás. La escritura exploratoria nos aporta una tercera forma, que tal vez hasta sea una opción más útil puesto que nos obliga a expresar nuestros pensamientos, a la vez que nos permite explorar varias ideas y sus implicaciones sin que las agendas o suposiciones de otras personas nos afecten.

Karl Weick, autor de *Sensemaking in Organizations* [*Sensemaking en las organizaciones*], observó que escribir puede desempeñar un papel muy importante en el trabajo: «Ha habido una explosión de escritura autoconsciente sobre los estilos de escritura como instrumentos de persuasión [...] pero lo que más he echado en falta es el uso de la escritura como instrumento de comprensión».[9]

La búsqueda de sentido no siempre es un proceso fácil. Rara vez tenemos un relato claro que podamos construir rápidamente para que nos ayude a entender y acomodar la nueva experiencia y, por consiguiente, poder restaurar nuestro equilibrio, a menos que optemos por el enfoque del vago: «¿Qué será será?» o «Mi horóscopo dice que en el día de hoy voy a discutir».

En parte la razón para que esto suceda es que, como vimos en el ejercicio de la asamblea municipal, en el capítulo siete, existen muchas maneras de entender una experiencia y en nuestro interior habitan múltiples yoes que compiten por darnos su versión de lo ocurrido.

Descartando el diván del psicoanalista, no hay muchos lugares en nuestro mundo moderno donde podamos explorar a salvo estos múltiples aspectos de nuestra personalidad. La mayoría de las veces, se espera de nosotros (de hecho, lo esperamos de nosotros mismos) que ofrezcamos una visión coherente. Cuando alguien me pregunta qué pienso sobre algo, esa persona espera una opinión que revele mi postura sobre el asunto. Pero la realidad es que cada uno de mis distintos yoes puede que tenga opiniones muy diferentes.

Veamos esto en un escenario de la vida real. Imagina que estás en una reunión, es justo antes de comer, la reunión se alarga y el director de *marketing* acaba de sugerir un cambio de táctica. El director ejecutivo te pregunta: «¿Estás de acuerdo con esta sugerencia?». Tú respondes: «Sí». Se toma la decisión, termina la reunión y te quedas insatisfecho y enfadado contigo mismo, pero no acabas de saber por qué razón. Por la noche discutes con tu pareja y no duermes bien.

Esto es lo que parece visto desde fuera. Desde dentro, es algo más bien parecido a esto:

- ¿Estoy de acuerdo con esta sugerencia?
- Tu yo impaciente y hambriento: «Sí, lo que sea, acabemos ya con esto. Me pregunto cuál será el quiche del día».
- Tu yo ansioso socialmente: «Me pregunto qué espera de mí la gente. ¿Debo aceptar o no? ¿Debo dar mi opinión? ¿Qué pensará X si no estoy de acuerdo?».
- Tu yo motivado políticamente: «Si digo que sí a esto, es más probable que Y apoye la idea que voy a lanzar la semana que viene».
- Tu yo reflexivo: «No me parece bien, pero no puedo explicar por qué».

Tu yo reflexivo, en una conversación a velocidad normal, no recibe demasiada atención. Pero dedicar unos minutos a hacer un *sprint* de escritura exploratoria para indagar en ese malestar le permite ir al fondo de esa respuesta instintiva. Basta con unos minutos a solas delante de una hoja de papel, a la hora de comer, para que puedas volver a dejar entrar a tu yo reflexivo en la sala y pidas revisar esa decisión. Potencialmente, esta acción puede salvar a tu empresa de cometer un error que podría salirle muy caro; además, aumentan las posibilidades de que pases una tarde más agradable con tu pareja y de que duermas mejor.

En realidad, el simple hecho de reconocer que puede haber múltiples respuestas y relatos es importante para nuestro bienestar. Nos libera de la tiranía de nuestros primeros pensamientos y nos recuerda que siempre hay más opciones, aunque no podamos verlas a simple vista, y que rara vez estamos tan indefensos como pensamos.

Autocoaching

Este proceso de *sensemaking* a través de la escritura exploratoria es básicamente *autocoaching*; por consiguiente, es razonable pensar que podemos conseguir que sea más útil y más poderoso rodeándolo de una estructura de *coaching*. Sí, el mero hecho de autorizarnos a contar una historia es útil en sí mismo, puesto que nos obliga a buscar palabras y a crear sentido. Pero reflexionar a fondo sobre las historias que contamos hace que no solo sea útil, sino potencialmente transformador. Por ejemplo...

Una sencilla técnica de *autocoaching* es formularte una pregunta estilo *coach* como motor de arranque para tu *sprint* habitual de escritura exploratoria. Piensa en un proyecto, una conversación o una tarea importante que hayas hecho recientemente y usa tu *sprint* para reflexionar sobre ello con la ayuda de uno o más de los motores de arranque que vienen a continuación o utiliza uno de los tuyos:

- ¿Qué fue bien?
- ¿Qué cambiaría si tuviera que volver a hacerlo?
- ¿Qué ha sido lo más difícil de todo esto y por qué?
- ¿Cómo tomé la decisión de proceder de esa forma?
- ¿Cómo he supuesto un obstáculo para mí mismo(a)?
- ¿Cuál es la lección principal que he aprendido de todo esto?

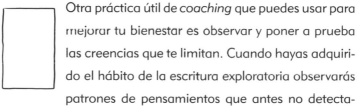

Otra práctica útil de *coaching* que puedes usar para mejorar tu bienestar es observar y poner a prueba las creencias que te limitan. Cuando hayas adquirido el hábito de la escritura exploratoria observarás patrones de pensamientos que antes no detectabas. Toma cualquier *sprint* reciente y vuelve a leerlo, busca alguna frase que empiece por «Siempre...» o «Nunca...» o «No puedo...», y hay muchas posibilidades de que descubras alguna creencia limitadora al acecho. Descubre alguna interesante ahora o genera una simplemente completando la frase «Siempre...» lo más rápido que puedas y tantas veces como desees, y examínala en un nuevo *sprint* de escritura. Puedes preguntarte:

- ¿Es esto SIEMPRE cierto? ¿Cuándo no lo es?
- ¿Qué pruebas tengo para albergar esta creencia?
- ¿En qué suposiciones se basa?
- ¿Hay otro modo diferente o más útil de ver las cosas?

Aunque tengas la suerte de contar con un *coach* magnífico, adquirir el hábito del *autocoaching* es una valiosísima habilidad, aunque solo sea porque no hay ningún *coach* al que puedas llamar 24/7.

Mindfulness

He dejado el mindfulness para lo último por una serie de razones. No cabe duda de que es un aspecto importante del bienestar y la salud mental, pero esta palabra está recibiendo un sobreuso casi delictivo y parece que se resiste a la definición. Al menos parece que la mayor parte de las personas coinciden en que tiene que ver con ir más despacio, con vivir plenamente el momento, con ser autoconscientes, con no estar cohibidos y con alejarnos de nuestros propios pensamientos, a fin de que podamos examinarlos; de hecho, no es muy diferente de la experiencia de la escritura exploratoria.

No obstante, la práctica que más se asocia al mindfulness es la meditación, no la escritura, y ahí está mi lucha.

Estoy dispuesta a aceptar que la meditación tiene beneficios (sería absurdo decir lo contrario, dado el peso de las pruebas científicas), pero el problema es que a mí no se me da bien. Me aburro y, francamente, me cuesta mantener la atención. Si a ti te pasa lo mismo, tal vez te consuele saber que no estás solo y que no ser un meditador nato no significa que estés condenado a una vida irreflexiva.

Mindfulness no es meditar. De hecho, desde hace muchos años, se usan diferentes actividades para practicarlo.

El clásico de Robert Pirsig *El zen y el arte del mantenimiento de la motocicleta* fue uno de mis libros favoritos cuando era adolescente. La conexión que establece en el título entre la espiritualidad mística oriental y algo tan mundano como el mantenimiento de una moto me llamó la atención. Y, por supuesto, como dice Pirsig: «La moto en la que estás trabajando es una moto que se llama tú mismo».[10] Ni soy filósofa ni motorista. Pero para mí, la escritura exploratoria es lo que el mantenimiento de la moto era para Pirsig: un espacio para encontrarme a mí misma.

No soy la única que ha visto esta conexión. Peter Elbow describe su idea del «zen» como «el peculiar aumento de poder y perspicacia que se obtiene al concentrar tu energía a la vez que dejas a un lado a tu yo controlador».[11] Que es una descripción de la escritura libre tan buena como cualquier otra. Y Megan Hayes subtituló su libro *The Joy of Writing Things Down* [La dicha de escribir las cosas] como «El zen cotidiano de ponerse a escribir».

Para mí la escritura exploratoria es una herramienta de mindfulness mucho más poderosa que la meditación porque me aporta un punto de enfoque que me obliga a estar en el momento presente y me da espacio para explorarlo.

Parece ser que tampoco soy la única que tiene esta experiencia. Según el experto en productividad Francesco

D'Alessio: «La meditación es una solución eficaz, pero no tanto como escribir un diario. Según las investigaciones científicas, escribir un diario supera a la meditación en lo que respecta a beneficios y es un camino para las personas que padecen trastornos de ansiedad y depresión».[12]

(Sí, ya sé que él habla de «escribir un diario», pero esto es solo un ejemplo para un tipo de escritura exploratoria, en mi libro, y este es mi libro).

Sin la presión de tener que rendir, puedes usar la escritura exploratoria para vivir más plenamente el momento presente, sin juzgar, centrando todos tus sentidos en la tarea y profundizando en tu estado de conciencia. Es una forma estupenda de elevarte por encima de la vorágine cuando estás estresado o angustiado.

El mindfulness tiene sus orígenes en la espiritualidad, así que no es exagerado hablar también de la escritura exploratoria en esos términos. Muchas veces he pensado que cuando descubrí la escritura exploratoria en mi momento de desesperación de las tres de la madrugada, lo que escribí no se diferenciaba mucho del tipo de angustia que reflejan los Salmos:

Tenme compasión, Señor, porque desfallezco;
sáname, Señor, que un frío de muerte recorre mis huesos.
Angustiada está mi alma;
¿hasta cuándo, Señor, hasta cuándo?[13]

Me gustaría pensar que David tuvo un instinto similar al mío en sus largas noches oscuras del alma: recurrió a la página para expresar su ansiedad, expuso sus pensamientos y sentimientos ante su Dios con fervorosa honestidad, y en ese proceso halló el consuelo y renovó su fe. Sea cual sea tu fe, o aunque no practiques ninguna, vale la pena que tengas presente este principio: hay una dimensión espiritual en nuestras vidas que se oculta bajo las preocupaciones cotidianas, pero que es más difícil de negar a las tres de la madrugada.

Escribir puede ser una invitación a responder a eso, a sacarlo todo fuera ante una deidad inmutable que es lo bastante grande no solo para absorber cualquier pesar, culpa, ansiedad o sufrimiento que podamos presentarle, sino también lo bastante grande como para ayudarnos a adquirir una nueva perspectiva. No es por casualidad que muchos de los Salmos más poderosos son conocidos como «salmos de ascensión»; son los que cantaban los peregrinos cuando iban a Jerusalén, pero también los que metafóricamente reflejan un aumento de fe:

A las montañas levanto mis ojos;
¿de dónde ha de venir mi ayuda?
Mi ayuda proviene del Señor,
creador del cielo y la tierra.[14]

Está demostrado que la oración es buena para nuestra salud mental,[15] y esta exteriorización y expresión de nuestros pensamientos de ansiedad, en parte, probablemente sea la razón para ello, así como los beneficios empáticos de orar para los demás. Tal vez prefieras considerar esto meditación en lugar de oración: en muchas tradiciones, no las diferencian demasiado.

Esta es una nota idealista con la que poner fin a esta sección de aventuras, pero no te quedes aquí.

Esta página es más grande de lo que piensas.

Tercera parte

Ve más lejos

¡Felicidades, ahora ya eres un explorador veterano! Espero que te lo hayas pasado bien con las aventuras de escritura de la sección anterior. Recuerda que todos los ejercicios que aquí expongo son simples sugerencias para ayudarte a iniciar tus PROPIAS aventuras; haz adaptaciones cuando lo consideres oportuno o incluso ignora por completo mis motores de arranque y prueba algo diferente.

El objetivo de este libro es que puedas utilizar la escritura como instrumento de exploración y desarrollo personal en tu vida privada y laboral. Pero antes de terminar, aquí tienes algunas sugerencias para ir más allá: más allá de tus ideas preconcebidas sobre escribir, más allá de ti mismo y hacia el mundo exterior, y más allá del final de este libro...

Capítulo 12

Más allá de las palabras

Cuando pensamos en escribir, pensamos en primer lugar, y ante todo, en palabras. Pero en este capítulo vamos a centrarnos en la escritura con marcas no léxicas. O, como probablemente estés más acostumbrado a llamarlo: en dibujar y hacer gráficos.

Sé que has pensado: «¿Dibujar? Pensaba que este era un libro sobre escritura». Pues sí. Pero ¿por qué hemos de ser tan binarios? Dibujar y escribir no son más que formas de utilizar la página para dar sentido. Una de las razones por las que tanto me apasiona usar lápiz (bolígrafo) y papel, en lugar del teclado del ordenador, para la escritura exploratoria es porque puedes pasar fácilmente de marcas léxicas a no léxicas según te lo dicte tu pensamiento. Pero si no estás acostumbrado a «dibujar» tus pensamientos, puede que quieras algunas razones convincentes sobre por qué merece la pena hacerlo y también algunas ideas sobre cómo realizarlo.

Un *sprint* de escritura narrativa de texto estándar sigue una ruta básicamente lineal, aunque no sea precisa, o bien, si lo prefieres, podríamos decir que sigue el hilo de un pensamiento. Pero el pensamiento no siempre es lineal, especialmente si no eres neurotípico (no «neurmo», como dice ni neuroatípica hija...), así que cualquier técnica que te permita captar pensamientos de formas que revelen las relaciones entre ellos de un modo más espacial es una valiosa aportación a tu juego de habilidades de escritura exploratoria.

Hace años, cuando todavía trabajaba en el mundo empresarial, un día, estaba sentada junto al gerente hablando de un tema de recursos que afectaba a mi departamento. Al cabo de un par de minutos de charla, tomó su bloc de notas, lo puso horizontal y empezó a dibujar cuadrados y flechas. Se dio cuenta de mi gesto de sorpresa y me dijo: «Tardé cincuenta años en darme cuenta de que si dibujas un problema puedes resolverlo en la mitad de tiempo». Siempre le he estado agradecida por habérmelo enseñado a mis treinta y pocos años en lugar de dejar que lo descubriera por mí misma décadas después.

Los seres humanos somos criaturas muy visuales: absorbemos información visual cientos o tal vez miles de veces más rápido que a través de un texto escrito y también solemos recordarla mejor. Incorporar técnicas visuales en tu práctica de escritura exploratoria te permitirá acceder a la totalidad de tu cerebro, al hemisferio derecho y al izquierdo, y puede ayudarte a ser más creativo; a identificar conexiones, patrones y relaciones entre elementos; a aclarar tus ideas, y a comunicarlas con más eficacia cuando estés listo para compartirlas.

No se trata de crear arte. El «yo no sé dibujar» no es una excusa: no te estoy pidiendo que seas un Picasso en su período azul. Dicho esto, del mismo modo que escribir sin que nadie te mire te ayuda a sentirte más libre con tus ideas, dibujar sin que nadie mire por encima del hombro dándote su opinión también es una experiencia liberadora. (Puede que hasta descubras que tienes talento para ello; en tal caso querré una comisión por la primera venta que hagas en una galería, por favor). Pero como no puedes correr un tupido velo y olvidar el tema, lo que sí PUEDES hacer es poner tus ideas en casillas y trazar líneas para conectarlas; tal vez con esto baste para darle un aire renovado y creativo a tu pensamiento. El pensamiento visual es pensar de un modo distinto respecto a tus ideas, y esto te abre a todo un mundo de posibilidades. ¿Convencido? Entonces, empecemos con la más sencilla de todas las técnicas visuales y que estoy casi segura de que ya conoces: los mapas mentales.

Los mapas mentales

El mapa mental es una de las técnicas visuales más populares y útiles. Esta expresión fue acuñada por Tony Buzan, pero este tipo de diagramas radiantes han existido desde que el ser humano empezó a pensar sobre papel.

Puedes usar un mapa mental prácticamente para cualquier cosa: yo sería lo primero que utilizaría al planificar un libro, un *blog post*, una presentación, un curso..., lo que sea. También son ideales para desglosar grandes metas y proyectos en sus partes básicas; de esta manera dejas de estar agobiado y puedes ponerte manos a la obra.

Empecemos por lo básico. Un mapa mental es simplemente un diagrama radial jerárquico, donde el tema en el que te vas a enfocar está en el centro de la página y los temas principales relacionados con él parten de ese centro y se convierten en nodos; luego cada uno de ellos se conecta con otros nodos subordinados de ideas relacionadas.

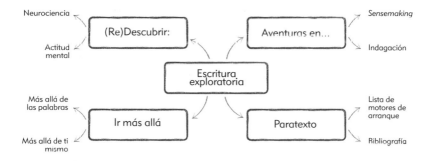

Supongo que ya estás familiarizado con el mapa mental básico y puede que hasta tengas algún programa de *software* que te guste. Pero empezar con un mapa mental escrito a mano tiene sus ventajas, aunque seas un experto con tu aplicación. Aquí tienes algunas de las razones:

- La dimensión cinestésica de utilizar un lápiz o bolígrafo activa mejor tu cerebro que escribir en un teclado,[1] lo cual puede ayudarte a ser más creativo
- Tener un nuevo mapa mental encima de tu mesa de despacho, en la pared o en una pizarra blanca durante uno o dos días es inmensamente práctico; a diario te da muchas oportunidades de ampliarlo con nuevos pensamientos o de hallar nuevas conexiones.
- No se produce fricción alguna (no hay necesidad de aprender irritantes accesos directos como ocurre con el teclado); esto significa que toda tu atención recae en las ideas, no en dominar el *software*.

- Lo tienes a mano en cualquier momento –lápiz y una servilleta o la parte de atrás de un sobre clásico– y dondequiera que estés te pones a escribir cuando sientas la inspiración.

Vamos a probarlo. Elige un tema que te dé vueltas por la cabeza: puede ser un proyecto, un problema por resolver o simplemente una idea interesante a la que te gustaría dedicarle más tiempo. Después, busca el trozo de papel más grande que encuentres, (con un DIN-A4 te las puedes arreglar, pero un A3 es mejor), y si puedes encontrar un rotafolio o un rollo de papel fantástico, colócalo delante de ti horizontalmente, escribe el tema que quieres explorar en el medio, programa el avisador para dentro de seis minutos y ¡haz tu mapa mental!

Después, dedica un momento a reflexionar. ¿De qué forma difiere cualitativamente esta técnica más visual de las técnicas de la escritura exploratoria que hemos visto hasta ahora? ¿Qué ha pasado con tu energía? ¿En qué ha variado el funcionamiento de tu cerebro? ¿Cómo puedes usar esta técnica más visual junto con las herramientas que ya has descubierto?

Los organizadores gráficos

Los mapas mentales son solo una de las múltiples herramientas denominadas genéricamente organizadores gráficos. Algunos te resultarán muy familiares si has tenido que presentar los resultados anuales con PowerPoint (diagramas de barras, diagramas circulares y organigramas jerárquicos); otros te serán familiares por los libros y artículos que hayas leído (tablas, gráficos y diagramas).

Tenemos la costumbre de considerar estos instrumentos como formas de organizar los datos cuando ya tenemos claro lo que estamos diciendo, como un medio de comunicación.

Pero la organización gráfica también es muy valiosa para la escritura exploratoria: nos ayuda a aclararnos las ideas plasmándolas de forma que nos facilita la comprensión de las conexiones entre conceptos y también nos ayuda a establecer nuevas conexiones.

Para hablar de todo esto como corresponde necesitaríamos un libro entero, así que voy a centrarme solo en unos cuantos ejemplos que me han parecido especialmente útiles para los fines de la escritura exploratoria. Y, sin lugar a dudas, voy a empezar por mi favorito: la matriz de 2 x 2, conocida también como el «cuadrante mágico» (no exagero, es lo que pienso).

La matriz de 2 x 2

Aquí, simplemente, se trata de seleccionar dos variables, que cuando las unes a lo largo de dos ejes generan cuatro cuadrantes u opciones.

Una de las más famosas es la matriz de Eisenhower, desarrollada inicialmente por el general Dwight Eisenhower y popularizada por Stephen Covey en su libro *Los 7 hábitos de la gente altamente efectiva*.

	Urgente	No urgente
Importante	HAZLO AHORA	DECIDE
No importante	DELEGA	BORRA

En este ejemplo, las dos variables utilizadas son:

1. Si algo es importante o no lo es.
2. Si es urgente o no.

Y Eisenhower aplicó una estrategia para cada cuadrante:

- No urgente/No importante: borrar.
- Urgente/No importante: delegar.

- No urgente/Importante: decidir, planificar hacerlo.
- Urgente/Importante: ¡HAZLO AHORA!

Es una estructura útil que nos sirve para evaluar lo que tenemos delante todos los días.

Otra (mucho menos conocida, por el momento) es la matriz de 2 x 2, la que yo creé para clasificar la escritura empresarial en los principios de mis andares por la escritura exploratoria:

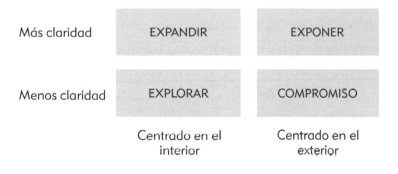

	Centrado en el interior	Centrado en el exterior
Más claridad	EXPANDIR	EXPONER
Menos claridad	EXPLORAR	COMPROMISO

Puede que (todavía) no tenga la fuerza de la matriz de Eisenhower, pero me resultó extraordinariamente útil para organizar mi pensamiento y también me ayudó a explicar mis ideas a los demás. Para mí es más realista representar esto como un continuo, más que como opciones binarias.

Cuando empiezo con la escritura exploratoria estoy estrictamente en la casilla de abajo a la izquierda: mis ideas no están claras y escribo solo para mí. Cuando una idea empieza a tomar forma y hago sesiones de escritura cada vez más específicas, paso a la casilla de arriba del cuadrante izquierdo, donde tengo las cosas más claras mentalmente respecto a lo que voy a decir. Por lo general, suelo moverme simultáneamente desde el cuadrante inferior izquierdo hasta el cuadrante inferior derecho, a medida que involucro a otras personas de confianza para «socializar» con la idea, conseguir sus comentarios y hacer que también se interesen y se comprometan. Por último, llega un momento en que estoy lista para lanzar la idea al mundo: el libro que estás leyendo se encuentra en el cuadrante superior derecho, el de la máxima claridad (espero) y está llegando a lectores que todavía no conozco (¡hola!).

En estos cuadrantes puedes tramar casi cualquier tipo de escritura empresarial. Uno de los beneficios de organizar mis pensamientos de este modo fue que me di cuenta de la importancia del cuadrante inferior derecho (la forma en que involucramos a los demás nos ayuda a desarrollar nuestros pensamientos cuando aún no tenemos las ideas claras), del cual no había hablado con mucho detalle antes.

Otro resultado útil de este ejercicio fue que me obligó a buscar una palabra que describiera cada cuadrante: este fue el origen de la expresión *escritura exploratoria*.

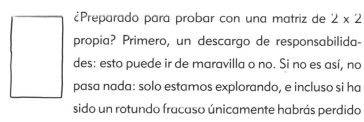 ¿Preparado para probar con una matriz de 2 x 2 propia? Primero, un descargo de responsabilidades: esto puede ir de maravilla o no. Si no es así, no pasa nada: solo estamos explorando, e incluso si ha sido un rotundo fracaso únicamente habrás perdido seis minutos. (Pero creo que te sorprenderás).

Como ya has hecho antes, elige un tema candente, tu estilo de liderazgo o filosofía profesional, un concepto que te cueste explicar a tus clientes (de hecho, puede ser cualquier tema) y empieza eligiendo tus dos ejes: pueden ser binarios, como los de Eisenhower (urgente/no urgente) o un continuo como los míos (más o menos claridad).

Al igual que sucede con todos los tipos de escritura exploratoria, sentarse a pensar cómo vamos a empezar es menos útil y empezar directamente es más útil, así que dibuja una rápida casilla de 2 x 2 y comienza a probar cosas; si la primera no funciona demasiado bien, prueba otra. Es muy improbable que en seis minutos tengas el artículo terminado, pero es MUY probable que tu pensamiento se mueva paralelamente y que consigas una o dos reflexiones útiles y, con suerte, también un boceto que puedas pulir en el futuro.

Si estás muy bloqueado, da un paso atrás. Tómate unos momentos para usar uno de los anteriores de la matriz 2 x 2 (la matriz de Eisenhower o la de la escritura empresarial) y aplícalo a tu tema para hacerte a la idea de cómo se utilizan en la práctica. Cuando tengas más claro el principio, tal vez encuentres ideas para usar el modelo en los próximos días y semanas.

No te preocupes si te cuesta hacer el ejercicio: recuerda que no se trata de obtener la respuesta «correcta» o una alta puntuación, sino de ampliar tu kit de herramientas de pensamiento. Pero sea como fuere, dedica unos momentos a reflexionar sobre la experiencia de usar un modelo visual: ¿de qué forma te ha ayudado? ¿Te ha resultado difícil? ¿Cómo podrías desarrollar tu matriz embrionaria en el futuro?

El diagrama de espina de pez

Otro organizador gráfico bastante bueno para ayudarte con tu escritura exploratoria es el diagrama de espina de pez, desarrollado por el profesor Kaoru Ishikawa, en la década de 1960, para su trabajo de control de calidad.

Este es un mapa mental con traje puesto. Un mapa mental estándar te deja desplazarte por todas partes (de hecho, esta es su finalidad), mientras que el diagrama de espina de pez proporciona una estructura para una investigación más rigurosa, generalmente un problema que quieres solucionar. Es estupendo para proyectos de gestión y análisis empresariales, pero funciona igual de bien en la práctica de la escritura exploratoria, donde lo uso para hallar soluciones mediante la ingeniería inversa* más que para diagnosticar problemas. Cualquiera que sea tu modo de utilizarlo, el principio es el mismo: empiezas creando la cabeza del pez. Esto es el tema de tu investigación, equivale al centro de tu mapa mental. Puede ser un problema que quieres entender mejor para evitar que vuelva a suceder: en este ejemplo falta una fecha límite. Esto lo situarás en el extremo derecho de tu hoja de papel horizontal, y a continuación traza una larga línea horizontal hacia atrás cruzando la página para formar la espina del pez.

Ahora surge la magia: identificas los principales factores que han contribuido a ese resultado y los enumeras como ramificaciones que surgen de esa espina central del pez. En este caso, es útil emplear categorías para las ramas principales (en este ejemplo, puedes ver personas, métodos, medidas, etc.). Cada una se convierte en encabezamiento al final de las largas ramificaciones de líneas rectas; entonces, puedes empezar a descifrarlas, creando más líneas horizontales de cada ramificación con los elementos específicos que son las causas que contribuyen al tema en general. En este diagrama, debajo de «Personal», por ejemplo, las causas que contribuyen son «Micrománager»** y

---

* N. de la T.: Es un proceso analítico que pretende determinar las características o funciones de un sistema, máquina o producto, con el fin de hallar un modelo genérico.
** N. de la T.: Persona, generalmente de alta jerarquía, que quiere tener el control de todos los detalles de un trabajo. El clásico jefe/a que no te deja respirar.

«Secretaria ausente». (Parece la trama de un drama plausible en la oficina, ¿no te parece? Creo que esa silla chirriante pasará a tener un papel protagonista).

Esta es una herramienta realmente útil para resolver problemas, y te recomiendo sin reserva alguna que sigas adelante con ella y la uses de este modo si has de resolver alguno. Pero para hacer este ejercicio te voy a sugerir un cambio: transforma el organizador gráfico para servicios en una especie de varita mágica, que consistirá en darle la vuelta y convertirlo en un instrumento para soñar hacia delante en lugar de analizar el pasado.

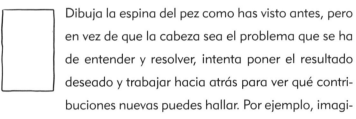

Dibuja la espina del pez como has visto antes, pero en vez de que la cabeza sea el problema que se ha de entender y resolver, intenta poner el resultado deseado y trabajar hacia atrás para ver qué contribuciones nuevas puedes hallar. Por ejemplo, imagina que en el diagrama de antes, el texto de la cabeza del pez fuera: «Proyecto entregado en fecha». Ahora programa tu avisador para dentro de seis minutos y empieza a rellenar los temas de las ramas que harán que eso suceda, ingeniería inversa para lograr el resultado que quieres ver, si así lo deseas.

Sea cual sea la ruta que tomes, verás que algunas ramas son más fáciles de completar que otras, y esto es interesante en sí mismo. Tal vez valga la pena dedicar algo más de tiempo a las ramificaciones más largas; quizás podrías preguntar a otras

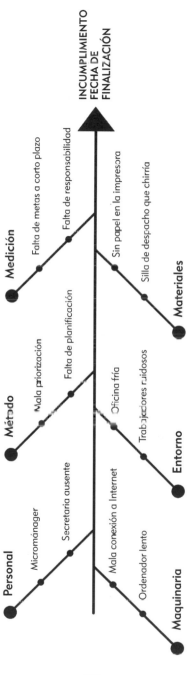

personas sobre el tema porque podrían revelarte algunas de las cosas que no sabes que no sabes. Cuando hayas terminado, probablemente descubrirás que tienes una serie de acciones e ideas; asegúrate de afianzarlas. Incluso puedes usar la matriz de Eisenhower (véase la página 190) para que te ayude a priorizar y ia actuar sobre ellas! Reflexiona también sobre el proceso: ¿ha sido más o menos útil tener una orientación visual más estructurada? ¿Puede serte más útil este enfoque que un mapa mental? Si es así, ¿cuándo?

Los diagramas conceptuales

El último kit de modelos que vamos a ver en esta sección es un grupo amplio, muy flexible e infinitamente extensible: diagramas conceptuales simples que muestran qué elementos son de cualquier tema en concreto y cómo se relacionan entre ellos.

Te voy a sugerir tres tipos distintos para empezar (diagramas de proceso, cíclicos y relacionales), aunque todos ellos se solapan de alguna manera. (Recuerda que aquí me refiero a las herramientas sencillas para reforzar las primeras fases del pensamiento exploratorio, no a las herramientas más complejas analíticas o para presentaciones, que tal vez conozcas, si has trabajado alguna vez con un analista financiero. No te olvides de que no hay una forma incorrecta de hacerlo. En realidad esto son trampolines más que plantillas que debas reproducir al milímetro).

Los diagramas de proceso

Los diagramas de proceso son una forma lineal simple de plasmar cuáles son las etapas clave y el orden en que se presentan; puedes añadir más descripciones a medida que lo consideres oportuno.

Sé que esto da risa de tan simple que es. Pero de lo que se trata es de que incluso para crear una secuencia tan simple como esta, tienes que aclarar mentalmente cuáles son esas etapas principales y cómo se llaman, esto es un proceso valioso en sí mismo. Y en lo que a comunicar tus ideas a otras personas se refiere, mostrarles el proceso general, antes de ahondar en los detalles, es sumamente útil porque les servirá para orientarse y las ayudará a absorber y a retener la información.

Los diagramas cíclicos

Una variante del diagrama de proceso lineal básico es el diagrama cíclico, que se usa para representar procesos más iterativos. He incluido un diagrama cíclico que he usado recientemente en una presentación sobre el proceso de publicación; observa cómo el *marketing* es literalmente el centro de todo el proceso.

Puedes aderezar este ciclo básico de un montón de formas: ciclos dentro de los ciclos, secuencias de ciclos, puntos de entrada y salida para romper el bucle, cualquier cosa que sientas que representa mejor tu concepto.

Los diagramas relacionales

La última clase de diagrama conceptual que vamos a ver en esta sección es el relacional. Mientras que los diagramas cíclicos y de proceso intentan reflejar cómo fluye un proceso, los relacionales se centran más en la forma en que los elementos conceptuales se relacionan entre ellos.

Por supuesto, uno de los más conocidos es la pirámide, como la que usó Maslow en su jerarquía de necesidades, y yo tengo la mía un tanto irreverente con Internet en la base de todo.

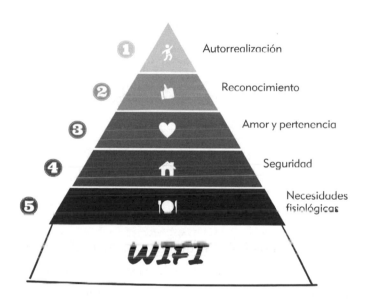

La pirámide muestra una progresión desde su base hasta su cúspide; solo se puede acceder al siguiente nivel cuando se ha superado el inmediatamente anterior. Es útil expresar la idea de dependencia y aumentar la complejidad o el refinamiento.

Otro clásico y práctico es el **diagrama de Venn,** que también se presta a deliciosos memes. He incluido uno de mis favoritos.

Pero también es un modelo práctico para identificar qué es lo que te distingue del resto cuando piensas en tu mensaje de *marketing*. Yo uso un sencillo diagrama de Venn para ayudar a los autores de corporativos[*] a decidir el tema de su próximo libro, utilizando los encabezados de «Mi experiencia», «Las necesidades de mis clientes» y «El futuro» como círculos que se superponen. El punto

---

[*] N. de la T.: También conocido como escritor corporativo o redactor interno, el autor corporativo es el encargado de generar y difundir contenidos que representan la identidad y los valores de una empresa, así como la imagen y los objetivos de la organización, tanto en su comunicación interna como externa.

central, donde está la intersección de los tres círculos, es el punto ideal para un libro de empresa.

Modelos a medida

Aunque los modelos clásicos son puntos de partida excelentes, las posibilidades de improvisar y crear modelos a medida totalmente nuevos son infinitas. Por ejemplo, aquí tienes un modelo más ilustrativo, desarrollado por Becky Hall en su estupendo libro *The Art of Enough* [El arte de hacer lo suficiente].[2]

Aquí podemos ver que este modelo incluye los componentes principales de su concepto de «lo que es suficiente» y la forma en que se unen para crear un equilibrio entre la escasez por una parte (sentimiento de no hacer lo suficiente) y el exceso por la otra (estar agobiado). Es una hermosa demostración de organizador gráfico desarrollado a partir de una analogía (véase la página 218) y también se convierte en una memorable tabla visual de contenidos.

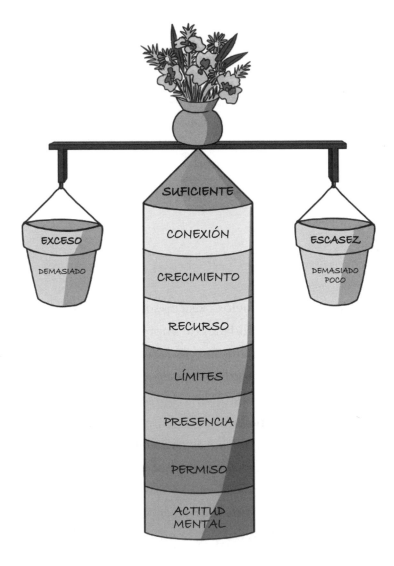

Entonces, ¿cómo podría ser para *ti* desarrollar tu modelo visual personalizado? Repasemos el proceso antes de que lo inicies por tu cuenta.

Recuerda que es material de exploración en sus primeras fases y que es un bebé feo:[3] es bastante improbable que termines tu *sprint* de seis minutos con algo que te gustaría compartir con el mundo. Pero bien podrías dar con algo que tuviera cara y ojos y que desearas desarrollarlo más en el futuro o al menos con algo que te haga cambiar de forma de pensar sobre el tema que has elegido (que es todo lo que podemos pedir de cualquier sesión de escritura exploratoria).

Esto no es fácil. Entonces, ¿para qué tomarse la molestia? A mi entender, hay dos razones:

1. Como ya te habrás dado cuenta, el proceso de hacer un borrador visual de tus ideas te da una perspectiva distinta a la que tienes cuando las escribes linealmente. No ha de ser mejor necesariamente, solo diferente, y en la fase exploratoria necesitas tantos modos de comprensión de tu material como puedas, porque cada ángulo de visión que pruebes te desvelará algo nuevo e interesante. Utilizar los modelos existentes es útil, pero desarrollar los tuyos te ayuda a conquistar un nuevo nivel de claridad, y eso significa que no estás adaptando o recortando tus ideas para que encajen en un modelo existente.

2. Cuando lo que deseas es comunicar tus ideas a otras personas, ser capaz de mostrárselas visualmente es mucho más impactante y eficaz que intentar describirlas con palabras. Y si creas un modelo distintivo que puedas registrar y compartir, y que otras personas puedan usar y compartir mencionando tu nombre, habrás diseñado un modelo distintivo con derechos de propiedad intelectual para tu negocio, que tiene un valor real.

(Esta segunda razón es importante, pero hacer demasiado hincapié en esto en esta fase prematura podría cohibirte demasiado, y eso no te ayudaría. Por el momento, simplemente concéntrate en los beneficios de usar esto, aquí y ahora, como parte de tu práctica de escritura exploratoria: si surge un modelo utilizable, tanto mejor).

Entonces, ¿cómo creas un modelo visual exclusivo? A mi entender, hay cuatro etapas que se pueden mostrar perfectamente en un diagrama de proceso (por supuesto):

El primer paso es decidir para qué quieres crear un modelo. Normalmente, en esta etapa tendrás algunas ideas para empezar, que habrás obtenido de los ejercicios de escritura exploratoria que has hecho anteriormente. Esta es la parte fácil.

Ahora es cuando empieza el trabajo real: tendrás que hacer un volcado cerebral de los elementos que deberá incluir tu modelo, por ejemplo los procesos, etapas o conceptos. Aplica el principio de Einstein, como para la mayoría de las cosas en la vida: lo más simple posible, pero no más simple.

Puedes hacer garabatos sobre el papel, por supuesto, pero te recomiendo que uses notas adhesivas porque te resultará mucho más fácil mover los elementos de un lugar a otro, cuando pases a la siguiente fase, que es identificar las relaciones entre ellos. Ahora empieza la magia, y probablemente también sea la fase que nos lleve más tiempo. Tienes que pensar en el orden de las cosas, en sus dependencias y sus interacciones. Probablemente, también sea la fase en la que sientes la inspiración que te ayudará a desarrollar tu pensamiento y es casi seguro que tendrás que revisar el segundo paso y añadir nuevos elementos o renombrar los ya existentes.

Una vez que tengas un modelo en bruto al final de esa fase, deberás probarlo, primero contigo mismo: ¿te parece lógico? ¿Te gusta? ¿Te entusiasma? Porque si no es así, te va a costar vendérselo a alguien.

Cuando tengas algo que te satisfaga, pruébalo con amigos que te apoyen, pero que también sean críticos: ¿lo entienden? Si tienes que explicarlo con detalle, es que todavía no funciona lo bastante bien, pero no sabrás qué partes funcionan y cuáles no hasta que lo pruebes con otra persona que no sabe lo que tú sabes. La maldición del conocimiento es real: no podemos ver nuestra área de especialidad como un aprendiz, porque no podemos dejar de saber lo que ya conocemos, así que hemos de encontrar personas que puedan adoptar esa perspectiva en nuestro lugar.

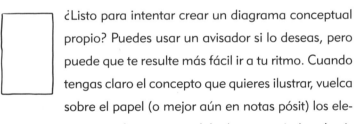

¿Listo para intentar crear un diagrama conceptual propio? Puedes usar un avisador si lo deseas, pero puede que te resulte más fácil ir a tu ritmo. Cuando tengas claro el concepto que quieres ilustrar, vuelca sobre el papel (o mejor aún en notas pósit) los elementos que quieres incluir en tu modelo. Luego revísalos: ¿cuáles son los principales? ¿Se pueden unir algunos? ¿Qué tipos de elementos son: procesos, conceptos, roles, preguntas, condiciones o alguna otra cosa?

Ahora, tienes una pila de elementos mejor o peor definidos con los que trabajar; el paso siguiente es jugar con ellos para ver cómo pueden encajar. ¿Son lineales, circulares, espirales, piramidales o cuadriculados? ¿Hay una jerarquía de elementos o diferentes pistas para diferentes condiciones? ¿Hay una metáfora subyacente que puedas usar como estribillo, como una pipa o una flor? El siguiente paso es simplemente jugar con esos elementos y ¡ver qué pasa!

Lo que tendrás ante ti al final de ese proceso es casi seguro que no será un modelo acabado, solo un punto de partida, y espero que lo sigas iterando y mejorando hasta que estés preparado para probarlo en el mundo real.

Si nunca habías utilizado el pensamiento visual de este modo, espero que te resulte energizante y perspicaz. La representación gráfica puede ayudarnos a entender las ideas en un nivel más profundo y descubrir conexiones que no habíamos visto antes. Y sentirte cómodo experimentando con diagramas como estos puede reforzar mucho tu práctica exploratoria: el sencillo acto de traducir tus ideas a una representación visual enriquece y expande tu pensamiento.

Otro gran beneficio de sentirte cómodo con el pensamiento visual en tu práctica de escritura exploratoria es el hecho de que una imagen vale más que mil palabras cuando quieres transmitir tus ideas a los demás (hablaré más sobre esto en el siguiente capítulo). No exagero cuando digo que desarrollar modelos distintivos con derechos de propiedad intelectual como estos puede transformar tu empresa; por ejemplo, el movimiento de *El camino hacia el Lean Startup*, de Eric Ries, nunca habría llegado a ser lo que es sin este maravillosamente simple diagrama cíclico.[4]

Si empiezas a desarrollar modelos en una fase temprana de tu pensamiento, jugarás con una gran ventaja. Y la buena noticia es que no tienen que ser complejos.

La economista Kate Raworth, autora de *Economía rosquilla*, compartió conmigo cómo su sencillo pero poderoso dibujo mal hecho de la «rosquilla» (una zona circular esponjosa que representa el espacio justo y seguro para la humanidad, rodeado en su cara externa por un «cielo ecológico» de sostenibilidad y en su zona interna [el agujero central de la rosquilla] por un «pilar social» de bienestar humano) transformó la forma en que la gente entendía sus ideas sobre equilibrar la escasez y la riqueza al plasmarlas de una manera visual:

Puedes usar las mismas palabras que hay en la imagen. Puedes escribir *salud*, *educación*, *comida*, *agua*, *cambio climático*, *pérdida de la biodiversidad*. Puedes escribirlas en dos listas y todo el mundo se encogería de hombros y diría: «Sí, ya he oído hablar de todo esto antes». Pero dibuja un círculo y etiquétalas en él; la propia imagen ya estará haciendo su trabajo, y la gente empezará a decir: «¡Oh, oh, Dios mío! Siempre había pensado en el desarrollo sostenible de este modo. Solo que nunca había visto antes la imagen. Ahora puedo conversar y hacer preguntas que sentía que no podía hacer». Realmente, me sorprendió el poder que tienen las imágenes para abrir nuestra mente.[5]

El biólogo del desarrollo John Medina dice que si oímos una información, al cabo de tres días, solo recordaremos un diez por ciento. Si esa misma información va acompañada de una imagen explicativa, esa proporción aumenta hasta un espectacular sesenta y cinco por ciento.[6]

Este es un buen momento para reconocer al elefante que ha entrado en la habitación: empezamos por desmontar la idea de que la página es siempre, y solo, una etapa, y nos concentramos en el poder de escribir solo para nosotros. Pero la esencia de la escritura es la comunicación. Por eso, llega un momento en que hemos de sentirnos cómodos con la página-como-etapa y comunicar nuestras ideas a los demás. ¿Podría también ayudarnos la escritura exploratoria con esto?

Creo que te va a gustar la respuesta...

Capítulo 13

Más allá de ti

$\mathscr{E}$spero que mi entusiasmo personal por la escritura exploratoria no te confunda y creas que pienso que escribir para los demás no tiene ningún valor.

Porque eso es una tontería, por supuesto, y el hecho de que me haya tomado la molestia de escribir este libro lo demuestra.

De hecho, creo que escribir para otros es una habilidad imprescindible en el ámbito empresarial. En el mundo editorial, donde predomina la literatura de ficción, es fácil olvidar que la escritura comenzó como una práctica empresarial. Las primeras formas de escritura de las que tenemos constancia no son poemas épicos, sino registros de los mercaderes sumerios (circa 5000 a. C.), como indica Daniel Levitin, «podría decirse que toda la literatura se originó con los recibos de compras».[1]

La escritura sigue siendo fundamental en los negocios. Es la forma en que nos comunicamos dentro de una organización para hacer las cosas; nuestra manera de comunicar a nuestros clientes quiénes somos, lo que hacemos y por qué importa, y cómo se nos descubre y evalúa en la Red. Tanto si eres un empresario que intenta escribir textos de ventas y *blog posts* como un gerente que ha de redactar informes o un alto ejecutivo que está preparando la presentación de una estrategia para toda la empresa, escribir bien aumenta tus probabilidades de éxito. Y como sucede con todo en la vida, la práctica es fundamental.

David Ogilvy, el padre de la publicidad, en 1982, escribió un memorando a sus empleados que se hizo famoso. Decía así: «Cuanto mejor escribáis, más ascenderéis en Ogilvy y Mather. Las personas que piensan bien, escriben bien».[2] Y siguió explicando que escribir bien es una habilidad como cualquier otra y que se ha de aprender y practicar. (El memorando es un fantástico resumen de consejos para los escritores corporativos —en realidad, para TODOS los escritores—, y bien merece la pena leerlo, sobre todo porque predica con el ejemplo a la perfección).

Entonces, ¿te ayudará la práctica regular de escritura exploratoria en los textos explicativos que tengas que hacer para tu empresa? Por supuesto que sí. Y lo va a hacer de este modo.

Manos a la obra

En primer lugar, la escritura exploratoria puede ayudarte a vencer el terror a la página en blanco. A pesar del riesgo de afirmar una obviedad, si vas a escribir algo que valga la pena leer, tienes que empezar escribiendo algo. Pero es fácil quedarte bloqueado por el «miedo a la página» imaginando que hay una horda de lectores críticos que está esperando a juzgar tus palabras. Razón, tal como señala Peter Elbow, por la que: «Se desperdicia mucho tiempo y energía *no* escribiendo, sino reflexionando, preocupándonos, tachando, repensando por segunda, tercera y cuarta vez [...] [la escritura libre] nos ayuda a *avanzar* y a no bloquearnos pensando si estas son las palabras correctas y acertadas».[3]

Un *sprint* de escritura exploratoria no te servirá para hacer el guion definitivo de tu charla en TED o para tu informe anual para los accionistas. Pero te AYUDARÁ a empezar y te aportará la materia prima que podrás transformar en algo presentable al cabo de un tiempo.

Una vez que te sientas cómodo simplemente pegando tu trasero a la silla y tu lápiz a la página con poco más que una idea vaga o incluso una pregunta en tu cabeza, ya no volverás a sufrir el bloqueo del escritor.

Forja confianza

Espero que hayas descubierto que la escritura exploratoria forja confianza, generalmente aportando pruebas, una y otra vez, de que en tu interior ya tienes todos los recursos que necesitas para dar sentido, ser creativo, resolver problemas y mucho más. La mayoría de las personas empiezan bastante pronto a adquirir confianza en su habilidad de generar y expresar ideas, si bien no inmediatamente, sí después de haberse esforzado un poco. Pero también se debe a que el mero hecho de escribir más te ayuda a que escribas mejor.

Como sucede con cualquier habilidad, cuanto más la practicas más fluidez y soltura adquieres. Cuando vuelves a leer el caos de tus *sprints* de escritura, empiezas a darte cuenta de qué es lo que «funciona», qué frases e imágenes nos parecen ciertas y cuáles son las que nos llaman más la atención. Y esta creciente sensación de ser capaz de expresarte te ayuda a sentirte más seguro de ti mismo cuando escribes para otros. Sí, tal vez quieras que Grammarly[*] te eche una mano con la gramática, pero lo verdaderamente importante en cualquier escrito es lo que estás diciendo y el modo en que llega al lector. Y la escritura exploratoria supone una competencia desleal en ambos aspectos.

---

[*] N. de la T.: Es un asistente de escritura que se puede utilizar desde la nube. Revisa errores de ortografía, gramática, puntuación, etc. (Fuente: Wikipedia).

Genera mejor contenido

Una de las razones principales para practicar la escritura exploratoria es que nos permite revelar algo que vale la pena decir.

De todos es sabido que es sumamente fácil ser un receptor pasivo de contenido ajeno: esto es *consumo* de ideas y no beneficia a nadie más que a ti. Compartir las ideas de otras personas junto con tu reacción inicial a su opinión es relativamente fácil: esto es la *curación* de ideas,* y puede tener un valor real. Pero cuando dedicas unos minutos a hacer un *sprint* de escritura exploratoria para sacar a la luz tus pensamientos y ordenarlos, llegar al siguiente nivel se vuelve sorprendentemente fácil, que es lo que caracteriza a los líderes de pensamiento: la *creación* de ideas. El proceso de escribir es uno de los métodos más seguros y poderosos que tenemos para avanzar en nuestro pensamiento. Así que en lugar de sentarte a mirar el informe trimestral e intentar desesperadamente que se te ocurra algún mensaje atrayente para los inversores utilizando el último lema tecnológico de la empresa para inspirarte, desconecta y explora primero; luego recupera tus ideas más útiles y trabájalas hasta convertirlas en algo que merezca la pena ser leído.

---

* N. de la T.: Es una técnica que consiste en realizar una búsqueda, recopilación, filtración y selección de la información más relevante que encontramos en Internet para difundirla más adelante con nuestra audiencia. (Fuente: Aula CM, «Curación de contenidos», Internet).

Ahora veamos dos técnicas típicas de la escritura exploratoria que se prestan particularmente bien para la escritura destinada a ser leída por otros.

La analogía

En el capítulo nueve vimos cómo podemos hacer que las metáforas funcionen sacando a la luz las que se ocultan bajo la superficie y generando conscientemente otras nuevas para crear otras visiones. Cuando encuentres una metáfora que funcione especialmente bien, tal vez desees usarla en tu vida cotidiana para que te ayude a explicar cosas a otras personas. Aquí es donde entra en juego la analogía, y la escritura exploratoria también puede sernos útil aquí.

La analogía no es más que una metáfora exagerada: es para un uso más consciente, amplía la comparación para hallar las conexiones y en ese proceso ayuda a la persona a comprender mejor lo que se está intentando describir con más detalle.

Por ejemplo, si tuviera que decir que estás «procesando» esta información mientras lees, estaría usando una metáfora que tal vez apenas notarías: utilizaría el lenguaje informático para explicar el funcionamiento de tu cerebro. Para transformarlo en una analogía, lo describiría con más detalle y de manera más explicativa: «Del mismo modo que un ordenador recibe datos del mundo exterior a través de sus interfaces y los transforma en un código binario, el cerebro convierte la información sensorial en actividad neural para su procesamiento». Explicar algo nuevo en términos familiares nos ayuda a entenderlo más deprisa, aunque también puede ser engañoso, si llevamos la analogía demasiado lejos. (Por ejemplo, hay mucha pseudociencia sobre nuestro «interruptor de apagado»). Muchas veces, a los escritores corporativos solo nos interesa cómo exponer los hechos. Y a veces, eso es justamente lo que necesitamos. Pero, del mismo modo, también hay momentos en que queremos sorprender al lector, atrapar su atención, conseguir que recuerde lo que estamos diciendo, ayudarlo a entender algo que para un novato es difícil de entender, y entonces, recurrimos a la analogía.

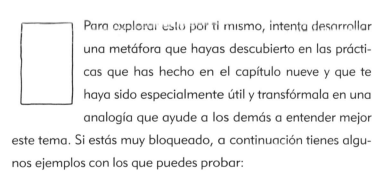

Para explorar esto por ti mismo, intenta desarrollar una metáfora que hayas descubierto en las prácticas que has hecho en el capítulo nueve y que te haya sido especialmente útil y transfórmala en una analogía que ayude a los demás a entender mejor este tema. Si estás muy bloqueado, a continuación tienes algunos ejemplos con los que puedes probar:

- El liderazgo es como ser el anfitrión de una cena con invitados porque...
- La cultura de empresa es como el clima porque...

- Crear una empresa es como construir una casa porque...

Este ejercicio te lleva al límite de la escritura exploratoria; por primera vez te estoy pidiendo que escribas pensando en un lector potencial. Vale la pena dedicar unos momentos a reflexionar sobre ello. ¿Cómo ha influido eso en tu forma de abordar la tarea? ¿Cómo puedes convertir la libertad y la energía de la escritura exploratoria en un contenido que sea útil para los demás? ¿Tienes hoy alguna oportunidad para experimentar con la analogía en tu trabajo o en tu vida?

Mejora las historias que te cuentas

En el capítulo dos vimos que contar historias es un impulso irresistible del cerebro humano. También es una habilidad esencial en el mundo de los negocios, precisamente por esa peculiaridad neurológica: crear conexión emocional nos ayuda a ir al grano, a pesar del parloteo mental, y a captar toda la atención de los lectores, mientras que los hechos a secas nos entran por un oído y nos salen por el otro.

Pero la narrativa es un arte, y como cualquier arte exige práctica y habilidad. Escribir con regularidad no nos convertirá en maestros narradores, pero nos ayudará a crear la musculatura necesaria. Algunas de las técnicas de este libro, como la empatía del capítulo seis, te han exhortado a usar la imaginación al escribir, creando historias para explorar posibilidades y hallar el sentido de las experiencias. Hasta ahora, el propósito fundamental de todo esto ha sido ayudarnos a pensar mejor, pero otro importante beneficio secundario, en el que nos vamos a enfocar aquí, es en cómo cambiará tu habilidad para contar bien una historia.

Practicar la empatía y, concretamente, ser capaces de tomar perspectiva nos ayudará a conectar con los lectores, lo que a su vez hará que sea más probable que estos conecten contigo.

Probemos un *sprint* de escritura destinado a adoptar la perspectiva de otra persona, con el fin concreto de lograr una comunicación más fluida. Elige a alguien a quien quieras persuadir de algo: puede ser un posible cliente para el que tienes que redactar un texto comercial convincente, un líder o un posible inversor a quien quieres vender una idea, una pareja que no está nada convencida sobre tus planes para las vacaciones..., tú mismo. Programa tu avisador para dentro de seis minutos y escribe sobre la situación en cuestión como si fuera una historia *desde la perspectiva de esa persona*. ¿Qué es lo que más le importa? ¿Qué es lo que le preocupa? ¿Qué es lo peor que podría pasar, en lo que a esa persona respecta, y cuál es el efecto positivo en potencia?

¿Qué necesita oír de ti? Utilizar la narrativa para identificarte mentalmente con esa persona te ayudará a comunicarte mejor con ella cuando sea el momento.

———————————————————

Y por último, veamos la escritura exploratoria como medio para lograr un objetivo muy distinto: ni para conseguir una mejor comunicación empresarial ni para mejorar las relaciones, sino simplemente por el placer de escribir.

Aplicaciones para la escritura creativa

La primera vez que oí hablar de la escritura libre (la habilidad más básica del kit de herramientas exploratorias, que vimos en el capítulo seis) fue en el libro de Julia Cameron *El camino del artista*, donde la autora introdujo las páginas matutinas como una de sus prácticas esenciales de creatividad.

Las páginas matutinas son simplemente eso: tres caras de papel de tamaño estándar (A4, aproximadamente), «estrictamente una corriente de conciencia», escritas a mano cada mañana, solo para ti. Cameron distingue explícitamente esta práctica de lo que consideramos «escritura»:

No se supone que han de ser artísticas. O ni tan siquiera escritura [...] Escribir no es más que una de las herramientas. Las páginas simplemente han de ser el acto de mover la mano por la página y escribir lo primero que se te pasa por la cabeza.[4]

Cuando Cameron diseñó esta práctica para sí misma, después de haberse retirado a Nuevo México para recomponerse de la decepción de haber vuelto a fracasar con otro guion, para su sorpresa descubrió que los sinuosos garabatos que hacía en la página se convirtieron en un trampolín para escribir una novela. Ahora la enseña como método para desbloquear la creatividad y darle rienda suelta.

Hay muchos escritores que utilizan habitualmente este tipo de técnica (no necesariamente a primera hora de la mañana), como medio para superar el bloqueo del escritor y la falta de confianza en sí mismo. Si has participado en algún grupo de escritores, es posible que la hayas probado.

Pero este enfoque en la creatividad, en escribir por el placer de escribir, no es solo para novelistas, poetas y guionistas: puede ayudar a cualquiera que necesite comunicarse a través de la escritura a hacerlo con una mayor repercusión.

Peter Elbow, exdirector del Programa de Escritura de la Universidad de Amherst y autor de *Writing with Power* [Escribir con poder] y *Writing Without Teachers* [Escribir sin profesores], descubrió esta técnica para sí mismo por pura desesperación, porque se estaba enfrentando a un bloqueo del escritor bastante largo que comenzó debido a la presión que sufrió cuando era becario en la Universidad de Oxford.

Pero pronto descubrió que la escritura libre era algo más que una forma de superar el bloqueo del escritor. A largo plazo, terminas escribiendo mejor, porque las palabras que emergen cuando «estás fuera de control» suelen tener más poder y energía que las que elegirías escribiendo de un modo más consciente:

> No es solo una forma de salir del paso, el lenguaje posee virtudes [...] A veces puedo detectar cuándo el escritor se ha esforzado demasiado buscando las palabras [...] Hay mucha destreza, pero le falta fluidez, no tiene la energía [...] Cuando un escritor fluye y las palabras afloran de su mente se produce algo mágico en lo que respecta al lenguaje y el pensamiento.[5]

Lo que puede aplicarse a los guionistas, novelistas, académicos y otros profesionales que se ganan la vida escribiendo también puede aplicarse a los que escriben memorandos, informes o incluso solo mensajes de WhatsApp. La escritura exploratoria no solo puede ayudarnos a ser más creativos y a superar el miedo a la hoja en blanco, sino a expresar nuestras ideas con más energía y claridad.

¿Y a quién no le interesa esto?

Capítulo 14

Más allá de hoy

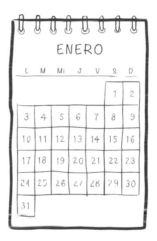

C uando los grandes exploradores británicos de la época victoriana regresaban a casa, empezaba la segunda fase de la expedición: daban conferencias en la Royal Society de Londres, en las que contaban sus aventuras, entregaban nuevas muestras al Museo de Historia Natural para que los investigadores las examinaran y trasladaban cuidadosamente las semillas a los Jardines Botánicos de Kew para su análisis y propagación vegetativa. (Muchas veces también entregaban los inestimables tesoros culturales de otros pueblos al Museo Británico, pero no vamos a entrar en eso aquí).

Dicho de otro modo, no se limitaban a explorar para no hacer nada con sus descubrimientos al volver a casa. ¿Cómo usarás lo que descubras en tus expediciones de escritura exploratoria?

Atrapa los descubrimientos

En el kit de herramientas básicas del capítulo tres, sugerí que un cuaderno de notas era un complemento «conveniente» para tu material de escritura exploratoria, una forma de anotar reflexiones y acciones de un modo más presentable.

He considerado que no era imprescindible que formara parte del kit básico, pero sin duda alguna recomiendo que tengas *alguna* forma de guardar sobre la marcha los descubrimientos de tus microexploraciones. Tendrás que ser muy selectivo respecto a qué es lo que merece pasar del batiburrillo escrito en caliente de la página A4 a este registro más permanente. Un explorador puede recorrer noventa y nueve caminos a través de las cañas de bambú, pero solo uno de ellos será un camino firme y seguro para atravesar el río, y ese es el que aparecerá en el mapa.

Tal vez descubras que un cuaderno de notas no es lo tuyo, que es una de las razones por las que decidí considerarlo «opcional». Personalmente, tengo otras tres opciones para guardar mis reflexiones de los *sprints* de escritura, antes que el cuaderno de notas, dependiendo de qué se trate: mi blog privado (que básicamente es un diario en la Red) para los momentos eureka, mi lista de tareas Trello para actuar y un tablón de anuncios Trello para la creación de futuros contenidos (por ejemplo, artículos de LinkedIn o episodios de pódcast).

Puedes recoger los resultados de TUS *sprints* de escritura de muchas maneras distintas; dependerá de las herramientas que ya estés usando para guardar tus ideas y de lo que pretendas hacer con ellas. Pero piensa en ello antes de empezar: las notas autoadhesivas personales NO son una buena solución, pues no puedes ampliar la información que contienen.

Una vez que hayas escogido la forma de conservar tus reflexiones, especialmente las que van más allá de las acciones necesarias simples, ¿cómo puedes sacar el máximo provecho de ellas en la vida y trabajar desde ese punto? Creo que el poder de la escritura exploratoria espontánea e improvisada alcanza todo su valor cuando se combina con la disciplina regular de la práctica reflexiva, que proporciona un modelo para convertir las ideas que genera en un autodesarrollo interminable e iterativo.

La práctica reflexiva

La práctica reflexiva como herramienta académica y profesional se basa en el trabajo de David Kolb, que es conocido por su modelo de aprendizaje experiencial como un ciclo de cuatro fases:

1. **La experiencia concreta.** Sucede algo que nos exige una respuesta no habitual o que pone a prueba nuestras habilidades.

2. **La observación reflexiva.** Esta es la parte más interesante para nosotros desde la perspectiva de la escritura exploratoria. Preguntas clásicas que te puedes formular en esta etapa son: «¿»ué funcionó?», «¿Qué falló?», «¿Por qué sucedió?», «¿Por qué hice lo que hice y por qué los demás se comportaron como lo *hicieron*?».

3. **La conceptualización abstracta.** En este punto pasas de la reflexión sobre lo sucedido a pensar sobre cómo podrían ser las cosas en el futuro: ¿cómo podrías mejorar tu respuesta? ¿Qué recursos e ideas podrían ser útiles?

4. **La experimentación activa.** Utilizas tu nueva comprensión y tus ideas sobre cómo hacer las cosas de otro modo y las pones en práctica. Entonces, a medida que traduces tus ideas en experiencias concretas y reflexionas sobre los resultados, empieza el ciclo de nuevo.

Esta es una teoría excelente, conocida por todo estudiante de ciencias empresariales, pero ¿cuándo fue la última vez que alguien te habló de ello en el trabajo? Por lo general, la mayoría de las personas saltamos de la experiencia concreta a la experimentación activa y a la inversa. Recuerdo que una vez trabajé con una directora de proyectos que estaba a punto de echarse a llorar porque no podía persuadir al patrocinador del proyecto ni a su equipo de ejecutivos para reunirse al final de cada fase y hacer una evaluación. Para ellos esto era un lujo que no se podían permitir por falta de tiempo, y esta era la razón por la que el proyecto estaba siempre al borde del fracaso y las fechas de entrega se incumplían sistemáticamente. (Al final, dejó el trabajo, y no es de extrañar).

Nuestro *modus operandi* típico se podría resumir con la ácida observación de Douglas Adams: «Vives y aprendes. En cualquier caso, vives».[1]

Donald Schön puso bien el dedo en la llaga cuando describió nuestro entorno laboral cotidiano como «tierras bajas pantanosas»:[2] cuando un día tras otro estás hundido en el fango, sin señales ni caminos que puedan guiarte, no es fácil tener una visión global. Hemos de confiar, según él, en dos tipos de reflexión:

1. **La reflexión en acción,** que es la que se realiza en el acto, en el propio pantano, mediante el método de ensayo y error.

2. **La reflexión sobre la acción,** cuando nos retiramos a las tierras altas y reflexionamos sobre lo sucedido. Esta es la esencia de la práctica reflexiva

y es donde se puede producir el aprendizaje y el desarrollo con mayor eficacia.

Un lugar donde la práctica reflexiva está profundamente arraigada es en el ámbito académico. Si has sido estudiante recientemente, sabrás que reflexionar sobre tus tareas y proyectos es una parte esencial de tu experiencia de aprendizaje. Gillie Bolton señala que la práctica reflexiva no se limita a mejorar tu rendimiento; es una responsabilidad personal y social:

> La práctica reflexiva puede facilitar el descubrimiento de quién y qué somos, por qué actuamos como lo hacemos y cómo podemos ser mucho más eficaces [...] La búsqueda de soluciones nos conduce a preguntas más pertinentes y más aprendizaje nos conduce a la inquietante incertidumbre: la base de toda educación.[3]

No siempre es fácil hallar tiempo para este tipo de práctica reflexiva, pero *siempre* es útil. En 2014, investigadores de las Universidades de Harvard, de París y de Carolina del Norte intentaron cuantificar los beneficios. Trabajaron con un equipo de agentes de atención al cliente en proceso de formación, a quienes separaron en dos grupos: a uno lo animaron a dedicar quince minutos al día a reflexionar por escrito sobre cómo les había ido la jornada y al otro a que dedicara quince minutos a practicar sus habilidades. El grupo que se dedicó a la reflexión mejoró su rendimiento casi un veinticinco por ciento respecto al grupo que solo ejercitó la práctica. Los investigadores concluyeron que «los resultados del rendimiento generados por el intento consciente de articular y codificar la experiencia previa acumulada son mayores que los generados solo por la acumulación de experiencia adicional».[4]

Estoy encantada porque mis hijos me han dicho que ahora la práctica reflexiva forma parte de su rutina escolar; tal vez la próxima generación de profesionales introducirá este hábito en sus futuros puestos de trabajo. No cabe duda de que lo van a necesitar ante el alto grado de incertidumbre y de cambio que es más que probable que tendrán que afrontar.

Por desgracia, es poco probable que alguien te esté ayudando a incluir la práctica reflexiva en tu vida personal y en tu trabajo, pero no pasa nada: tus nuevas habilidades de escritura exploratoria te servirán para que puedas valerte por ti mismo.

Conclusión

¿Es ir demasiado lejos llamarlo la magia de la escritura exploratoria? Personalmente, no lo creo. ¿Cuál otra sería la palabra correcta para denominar un proceso que visualiza lo invisible, que puede transformar una situación desesperada en una oportunidad de crecimiento y las ideas e impresiones deslabazadas en material con el que trabajar?

Para mí la parte más mágica de la escritura exploratoria es su potencial. Por muy mal que te haya ido el día, por más que te parezca estar atrapado en el fracaso o en la frustración, la página en blanco representa un nuevo punto de partida en un espacio despejado que está siempre a tu alcance.

He escrito la mayor parte de este libro en la biblioteca de Gladstone, un hermoso y luminoso espacio decorado con cálida madera y piedra fría, donde hay estanterías repletas de miles de libros y el silencio solo se rompe por alguna que otra tos esporádica o por el ruido de mover papeles. Cuando entra alguien en la sala de lectura, puedes ver su cambio físico: hace una pausa, respira, va más despacio. El espacio, la belleza, la paz de la sala y su tranquila atmósfera crean la sensación de que este lugar es para hacer cosas que importan, para concentrarse, para pensar.

Por desgracia, no todos disponemos de un lugar semejante al que podamos ir cuando lo necesitemos. Pero ¿una página en blanco? Eso siempre está a mano. He descubierto que puedo convertir la página en blanco más rudimentaria en el equivalente mental de ese bello y silencioso espacio. Al menos durante unos minutos, puedo centrarme, concentrarme, explorar mi inmensa biblioteca mental sin interrupción o simplemente respirar, si eso es lo que necesito.

De modo que si has llegado hasta aquí y todavía no lo has probado, ahora es el momento. Toma una hoja de papel en blanco y un bolígrafo. Me espero a que lo hagas.

¿Listo? Tómate unos minutos para valorar la página que tienes delante y lo que representa.

Nadie te mira. Este es tu espacio. Deja que sea lo que tú necesitas que sea ahora y escribe.

Sea lo que sea lo que descubras en la página, reconócelo. Observa cómo te sientes al haber creado ese espacio propio al que regresarás con frecuencia. Sin darte cuenta, descubrirás que llevarás ese espacio (poderoso, clarificador, lúdico y creativo) contigo adondequiera que vayas. Y eso lo cambia todo.

Lista de motores de arranque

Además de los ejercicios que has visto en este libro, aquí tienes una lista de motores de arranque a los que puedes recurrir siempre que necesites un poco de inspiración para tu sesión de escritura exploratoria. Muchos de ellos han sido probados en el campamento virtual de *The Extraordinary Business Book Club* durante nuestras sesiones de escritura en grupo, y nunca nos han fallado a la hora de ayudarnos a desenterrar ideas y reflexiones útiles. Otros los han sugerido miembros del club y otros contactos de las redes sociales. No siguen ningún orden: ¡elige uno al azar y adelante!

Recuerda que solo son puntos de partida y que tal vez estén a miles de kilómetros de donde vas a aterrizar (¡de eso se trata!), así que no te preocupes por «responder» a la pregunta: solo observa adónde te lleva.

Si tienes uno propio que sea tu favorito, te invito a que lo compartas conmigo: alison@alisonjones.com. ¡O bien compártelo en el campamento virtual un viernes, o en el grupo de *The Extraordinary Business Book Club*!

- ¿Qué historia me estoy contando respecto a este tema?
- ¿Cómo puedo ver esto desde otro ángulo?
- ¿Qué le diría a un amigo en esta situación?
- ¿Qué es lo más interesante respecto a este tema?
- ¿Qué pregunta he de hacerme en estos momentos?
- ¿Qué aspecto tiene el éxito hoy?
- Si pudiera tener una sesión de *coaching* con X, ¿qué me diría?
- Si fuera un periodista que estuviera haciendo un reportaje sobre mi empresa, ¿en qué me centraría?
- ¿Qué le sucedería a mi negocio/trabajo si mañana no pudiera utilizar el teclado?
- ¿Qué he aprendido desde que escribí esto? (por ejemplo, cuando revisas el apartado «Sobre mí» en tu sitio web o en tu biografía).
- ¿Qué es lo que dice mi yo más silencioso en estos momentos?
- ¿Qué consejo doy a los demás que debería seguir yo mismo(a)?
- ¿Qué me trae hoy la vida?
- Para mí, la visibilidad significa...
- ¿Qué puedo ver, oír, oler, tocar o saborear ahora mismo? (Un ejercicio encantador para centrarnos).
- En el mejor de los casos, yo...
- ¿Dónde puedo sustituir la perfección por el progreso esta semana?

- Querido yo de x-años-de-edad (escribe una carta a tu yo más joven, especialmente en un momento de necesidad o de celebración), ¿qué es lo que más necesitas o necesitabas oír?
- ¿Quién podría ayudarme con esto?
- ¿Qué es lo que realmente quiero en estos momentos?
- Creo que la razón por la que no sé la respuesta a esto es...
- ¿Qué he de dejar ir o a qué he de decir no hoy?
- ¿Cuál es la frase más veraz que puedo escribir hoy?
- ¿Qué pequeño paso marcará hoy la gran diferencia?
- ¿En qué no me está ayudando la memoria y cómo puedo reimaginarlo?
- Si estuviera escribiendo desde el corazón en vez de desde el ego, ¿qué diría sobre este tema?
- Mi superpoder es...
- Mi aportación a este proyecto/reunión/relación es...
- Hoy, mi estrategia que lo va a cambiar todo es...
- Si dispusiera de dos horas de «tiempo de valentía» esta semana (es decir, cuando tu puntuación de «coraje» fuera 10), ¿qué haría?
- ¿Qué suposiciones o sesgos inconscientes me impiden tener una visión global?
- Cuando pienso en lo que ha pasado esta semana, quiero decir...
- Si pudiera volver a hacer esto, haría...

- Lo que tengo que soltar en estos momentos es...
- Ahora me siento...
- Ahora mismo, lo que está funcionando es...
- Esta semana, ya no estaré disponible para...
- Esto es lo que necesita saber la gente...
- ¿De qué forma este pensamiento/acción me ayuda o me perjudica para convertirme en la persona que quiero ser?
- En este momento, la mejor parte de mí está diciendo...
- ¿Qué es lo que quiero realmente aquí?
- ¿Qué perspectiva sería útil en este caso?
- Si pudiera concentrarme solo en una cosa en mi trabajo/vida/relaciones hoy, sería...
- ¿Por qué soy la persona adecuada para esta tarea?*
- ¿Cómo puedo hoy hacer algo para cambiar la situación un uno por ciento?
- ¿Cuál es la principal ventaja de esto? (Seguimiento: ¿Estoy aprovechándola al máximo?).
- ¿Dónde puedo sustituir la perfección por el progreso esta semana?
- ¿Cuál es mi mayor motivo de agradecimiento hoy?
- ¿Qué puedo celebrar ahora mismo?

---

* Este es un ejemplo de lo que Alisa Barcan llama «aformaciones»: en vez de limitarte a repetirte a ti mismo una frase positiva, transfórmala en una pregunta y deja que tu cerebro halle las respuestas por sí mismo, por ejemplo, «¿Por qué soy la persona adecuada para escribir este libro?, en lugar de: «Soy la persona adecuada para escribir este libro». ¡Sí, elaboración instintiva!

¿Y ahora qué?

*H*as llegado al final de este libro, pero esto no es más que el principio de tu aventura en la escritura exploratoria, que espero que sea para el resto de tu vida. Me encantaría saber lo que vas descubriendo por el camino. Te agradecería que me escribieras a alison@alisonjones.com y me contaras adónde te ha llevado tu exploración.

Esta también es la dirección de correo electrónico que tienes que usar si quieres reservar plaza para una conferencia o un taller de introducción al poder de la escritura exploratoria en tu empresa.

Y si deseas obtener más ayuda en tu práctica, ¿por qué no te unes a mi curso *online* WriteBrained? En esta aventura de escritura exploratoria de veintiocho días, recibirás por correo electrónico un nuevo motor de arranque cada mañana, junto con un breve vídeo que te explicará un poco más la tarea que tienes que realizar cada día; es una gran forma de iniciar rápidamente la práctica de escritura exploratoria diaria, y también hay una comunidad de apoyo en Facebook donde podrás compartir tus hallazgos y reflexiones. Únete aquí (www.exploratorywriting.com) y consigue el cincuenta por ciento de descuento con este código: EXPLORIAMUS.

La página te está esperando. ¿Qué vas a hacer hoy con ella?

Notas y referencias

Introducción

1. Para saber más sobre esta historia, véase mi charla en TEDx «Let's Rethink Writing» [Repensemos la escritura] (https://youtu.bc/59sjUm0EAcM).

Capítulo 1

1. *The Extraordinary Business Book Club*, pódcast, episodio 245 (http://extraordinarybusinessbooks.com/episode-245-sorting-the-spaghetti-withdave-coplin/).
2. *The Extraordinary Business Book Club*, pódcast, episodio 318 (http://extraordinarybusinessbooks.com/episode-318-the-power-of-regret-withdaniel-h-pink/).
3. *The Extraordinary Business Book Club*, pódcast, episodio 308 (http://extraordinarybusinessbooks.com/episode-302-writing-it-all-down-withcathy-rentzenbrink/).
4. *The Extraordinary Business Book Club*, pódcast, episodio 11 (http://extraordinarybusinessbooks.com/ebbc-episode-11-the-space-within-withmichael-neill/).

Capítulo 2

1. Nelson Cowan, «The magical mystery four: How is working memory capacity limited, and why?», *Current Directions in Psychological Science* 19 (1), 2010, 51-57. https://doi.org/10.1177/0963721409359277.
2. Yuval Noah Harari, *Sapiens: A Brief History of Humankind* (Vintage, 2015), p. 150. Traducido al castellano por Debate con el título *Sapiens: de animales a dioses* (2014).

3. Cal Newport, *Deep Work: Rules for focused success in a distracted world* [Trabajo profundo: reglas para tener éxito enfocado en un mundo de distracciones], Piatkus, 2016.

4. Steve Peters, *La paradoja del chimpancé: el programa de gestión mental que te garantiza el éxito, la confianza y la felicidad que deseas,* Barcelona, Urano, 2018.

5. Angela Duckworth, *Grit: The power of passion and perseverance* (Vermilion, 2017), p. 189. Traducido al castellano por Urano con el título *Grit: el poder de la pasión y la perseverancia* (2016).

6. Centro de Ciencias de la Decisión, Escuela de Negocios de Columbia, «Want to know what your brain does when it hears a question?». Disponible en www8.gsb.columbia.edu/decisionsciences/newsn/5051/want-to-knowwhat-your-brain-does-when-it-hears-a-question (consultado el 23 de enero de 2022).

7. Esta expresión proviene de la teoría de la conciencia del psicólogo Antonio Damasio y se ha popularizado mucho. Véase Damasio, «Investigating the biology of consciousness», *Philosophical Transactions of the Royal Society,* 353 (1377), 1879-1882, 1998.

8. Gordon H. Bower y Michal C. Clark, «Narrative stories as mediators for serial learning», *Psychonomic Science,* 14, 181-182, 1969.

9. De la charla de la ceremonia de graduación que dio David Foster Wallace en el Kenyon College, 2005. Puedes leer aquí todo el texto: https://fs.blog/david-fosterwallace-this-is-water/ (consultado el 10 de agosto de 2022).

10. Michael Neill, *Living and Loving from the Inside-Out* [Vivir y amar de dentro hacia fuera]. Puedes consultarlo en www.michaelneill.org/pdfs/Living_and_Loving_From_the_Inside_Out. pdf (consultado el 10 de agosto de 2022).

Capítulo 3

1. Grace Marshall, *Struggle: The surprising truth, beauty and opportunity hidden in life's sh*ttier moments* [Esfuerzo: la sorprendente verdad, belleza y oportunidad que se esconde en los peores

momentos de nuestra vida], Practical Inspiration Publishing, 2021, p. 52.

2. Carol Dweck, *Mindset: la actitud del éxito*, Málaga, Sirio, 2016.

3. Edgar Schein, *Preguntar con humildad: el sutil arte de pedir en lugar de exigir*, Barcelona, Empresa Activa, 2014.

4. Sir Ernest Shackleton, *South: The last Antarctic expedition of Shackleton and the Endurance* (edición a cargo del propio Shackleton, publicada por Lyons Press, 1998), p. 77. Publicado en castellano por Interfolio con el título *Sur: la historia de supervivencia jamás contada* (2014).

5. Citado en *Roald Amundsen,* The History Press, 2011, p. 99 de Tor Bomann-Larsen.

6. Gillie Bolton con Russell Delderfield, *Reflective Practice: Writing and Professional Development* [Práctica reflexiva: la escritura y el desarrollo profesional], 5.ª edición, Sage, 2018.

7. B. J. Fogg, *Hábitos mínimos: pequeños cambios que lo transforman todo*, Barcelona, Urano, 2021.

8. James Clear, *Hábitos atómicos: cambios pequeños, resultados extraordinarios*, Barcelona, Planeta, 2020.

Capítulo 4

1. Citado por Arianne Cohen en «How to quit your job in the great post-pandemic resignation boom», *Bloomberg*, 10 de mayo de 2021. Archivo disponible en www.bloomberg.com (consultado el 5 de julio de 2022).

2. Jim Harter, «U.S. employee engagement data hold steady in first half of 2021», *Gallup*, 29 de julio de 2021. Archivo disponible en https://www.gallup.com/workplace/352949/ (consultado el 5 de julio de 2022).

3. Por ejemplo, como ha informado el Gobierno de Reino Unido con sus cifras de 2021: Health and Safety Executive, «Work-related stress, anxiety or depression statistics in Great Britain, 2021», 16 de diciembre de 2021. Disponible en www.hse.gov.uk/statistics/causdis/stress.pdf (consultado el 10 de agosto de 2022).

4. John Howkins, *Invisible Work: The future of the office is in your head* [Trabajo invisible: el futuro de la oficina está en tu cabeza], September Publishing, 2021, p. 131.
5. *Ibid.,* p. 139.
6. Gary Klein, «Performing a project premortem», *Harvard Business Review*, septiembre de 2007. Disponible en https://hbr.org/2007/09/performing-a-project-premortem (consultado el 10 de agosto de 2022).
7. «Thriving at work: The Stevenson/Farmer review of mental health and employers», 2017. Disponible en: https://www.gov.uk/government/publications/thriving-at-work-a-review-of-mental-health-and-employers.
8. Mind, «Mental health facts and statistics», 2017. Disponible en https://web.archive.org/web/20220508130219/https://www.mind.org.uk/media-a/2958/statistics-facts-2017.pdf (consultado el 10 de agosto de 2022).

Capítulo 5

1. Véase, por ejemplo, Craig R. Hall, Diane E. Mack, Allan Paivio y Heather A. Hausenblas, «Imagery use by athletes: Development of the Sport Imagery Questionnaire», *International Journal of Sport Psychology*, 1998, 29 (1), 73-89.
2. *The Extraordinary Business Book Club*, pódcast, episodio 287 (http://extraordinarybusinessbooks.com/episode-287-writing-and-happiness-withmegan-hayes/).
3. Dscout, «Putting a finger on our phone obsession». Disponible en https://dscout.com/people-nerds/mobile-touche (consultado el 10 de agosto de 2022).
4. Stevie Smith, «Thoughts about the Person from Porlock» [Pensamientos sobre el hombre de Porlock] en *Selected Poems* [Poemas selectos], Penguin Modern Classics, 2002, p. 232.

Capítulo 6

1. *The Extraordinary Business Book Club*, pódcast, episodio 312 (http://extraordinarybusinessbooks.com/episode-312-free-writing-with-peter-elbow/).

2. Karl Weick, *Sensemaking in Organizations* [*Sensemaking* en las organizaciones], Sage, 1995, p. 128.
3. Collins, diccionario de inglés, definición de «empatía». Disponible en www.collinsdictionary.com/dictionary/english/empathy (consultado el 19 de agosto de 2022).
4. Charles Duhigg, «What Google learned from its quest to build the perfect team», *The New York Times*, 25 de febrero de 2016. Disponible en www.nytimes.com/2016/02/28/magazine/what-google-learned-from-its-quest-to-build-the-perfect-team.html (consultado el 7 de julio de 2022).
5. Marco Aurelio, *Meditaciones*, citado por Paul Robinson en *Military Honour and the Conduct of War: From Ancient Greece to Iraq* [Honor militar y la conducta bélica: desde la antigua Grecia hasta Irak], Taylor y Frances, 2006, p. 38.
6. John Greenleaf Whittier, «Maud Muller», 1856.

Capítulo 7
1. Leon Neyfakh, «Are we asking the right questions», *Boston Sunday Globe*, IDEAS section, 20 de mayo de 2012. Disponible en www.bostonglobe.com/ideas/2012/05/19/just-ask/k9PATXFdpL6ZmkreSiRYGP/story.html (consultado el 3 de agosto de 2022).
2. Véase su excelente charla en TED, «What do babies think?» [¿Qué piensan los bebés?]. Disponible en www.ted.com/talks/alison_gopnik_what_do_babies_think (consultado el 10 de agosto de 2022).
3. Warren Berger, *A More Beautiful Question: The power of inquiry to spark breakthrough ideas* [Una pregunta más hermosa: el poder de la pregunta para revelar ideas nuevas], Bloomsbury, 2016, p. 24.
4. Helen Tupper y Sarah Ellis, *You Coach You: How to overcome challenges and take control of your career* [Tú eres tu propio *coach*: cómo superar los retos y tomar el control de tu carrera], Penguin Business, 2022, p. 11.
5. @TonyRobbins en Twitter, 27 de junio de 2017. Disponible en https://web.archive.org/web/20220810175946/https://

twitter.com/TonyRobbins/status/879796310857048064?s
=20&t=F05rZAiYz0VzUE3lYgNWwA (consultado el 7 de
julio de 2022).

6. *The Extraordinary Business Book Club*, pódcast, episodio 287
(http://extraordinarybusinessbooks.com/episode-287-
writing-and-happiness-withmegan-hayes/).

7. Walt Whitman, *Canto de mí mismo y otros poemas*, Barcelona,
Galaxia Gutenberg, 2019.

8. J. K. Rowling, *Harry Potter and the Prisoner of Azkaban* (Bloomsbury Children's Books, 2014, primera edición 1999),
p. 438. Publicado en castellano por Salamandra con el título
Harry Potter y el prisionero de Azcaban (2000).

9. Lo experimenté por primera vez cuando me puse a practicar
la «visualización del mentor interior» de Tara Mohr. Puedes
conocer más sobre esta técnica en su libro *Playing Big* [Jugar
a lo grande].

10. Hal Gregersen, «Better brainstorming», *Harvard Business
Review*, marzo-abril, 2018. Disponible en https://hbr.
org/2018/03/better-brainstorming (consultado el 10 de
agosto de 2022).

11. Edgar Schein, *Preguntar con humildad: el sutil arte de pedir en lugar
de exigir*, Barcelona, Empresa Activa, 2014, es un buen punto
de partida. Define «preguntar con humildad» como «el delicado arte de conseguir que otro se muestre, de preguntar
cosas cuya respuesta desconoces, de construir una relación
basada en la curiosidad y el interés por la otra persona».

Capítulo 8

1. Sir Ken Robinson, «Do schools kill creativity?», charla TED,
2006. Disponible en www.ted.com/talks/sir_ken_robinson_do_
schools_kill_creativity? (consultado el 10 de agosto de 2022).

Capítulo 9

1. Paul H. Thibodeau y Lera Boroditsky, «Metaphors we think
with: The role of metaphor in reasoning», Artículo disponible en diversas webs (consultado el 10 de agosto de 2022).

2. En una conversación de *The Polymath Perspective*, 2014, disponible en https://web.archive.org/web/20220810194600/ http://polymathperspective.com/?p=3107 (consultado el 10 de agosto de 2022). Eno fue el cocreador (con Peter Schmidt) de las *Estrategias Oblicuas*, una baraja de cartas con sugerencias o aforismos aleatorios para inspirar la creatividad de los artistas, idea no muy diferente a la de las metáforas forzadas.

Capítulo 10

1. Clinton Askew, *The Chimp Paradox* —Prof. Steve Peters, *Citywide Financial Partners*, 15 de septiembre de 2020. Disponible en www.citywidefinancial.co.uk/the-chimp-paradox-prof-steve-peters/ (consultado el 10 de agosto de 2022).

2. Alice Sheldon, *Why Weren't We Taught This at School?* [¿Por qué no nos enseñaron esto en la escuela?], Practical Inspiration Publishing, 2021.

3. *Ibid.*, p. 68.

4. *The Extraordinary Business Book Club*, episodio 318 (http:// extraordinarybusinessbooks.com/episode-318-the-power-of-regret-withdaniel-h-pink/).

5. Elizabeth Gilbert, «On creating beyond fear», *The Isolation Journals*, 19 de noviembre de 2020. Disponible en www. theisolationjournals.com/blog/no-4-on-creating-beyond-fear (consultado el 10 de agosto de 2022).

Capítulo 11

1. Rachel Dodge, Annete P. Daly, Jan Huyton y Lalage D. Sanders, «The challenge of defining wellbeing», *International Journal of Wellbeing* 2012; 2 (3), p. 230.

2. Mihaly Csikszentmihályi, *Fluir: una psicología de la felicidad*, Barcelona, Kairós, 2008.

3. Sara Milne Rowe, *The SHED Method: The new mind management technique for achieving confidence, calm and success* [El método SHED: la nueva técnica de gestión mental para lograr confianza, calma y éxito], Michael Joseph, 2018.

4. Hayley Phelan, «What's all this about journaling?», *The New York Times*, 25 de octubre de 2018. Disponible en www.nytimes.com/2018/10/25/style/journaling-benefits.html (consultado el 10 de agosto de 2022).

5. James W. Pennebaker y Sandra K. Beall, «Confronting a traumatic event: Toward an understanding of inhibition and disease», *Journal of Abnormal Psychology* 1986; 95 (3), 274-281.

6. Julia Cameron, *The Right to Write: An invitation and initiation into the writing life* (Hay House, 2017), p. 84. Publicado en castellano por Gaia con el título *El derecho y el placer de escribir* (2000).

7. Bruce Daisley, *Fortitude: Unlocking the secrets of inner strength* [Fortaleza: descubrir los secretos de la fuerza interior], Cornerstone Press, 2022, p. xiv.

8. Véase, por ejemplo, Cale Magnuson y Lynn Barnett, «The playful advantage: How playfulness enhances coping with stress», *Leisure Sciences* 2013; 35, 129-144.

9. Karl Weick, *Sensemaking in Organizations* [*Sensemaking* en las organizaciones], Sage, 1995, p. 197.

10. Robert Pirsig, *Zen and the Art of Motorcycle Maintenance: An inquiry into values* (Vintage Classics, 1991), p. 267. Traducido al castellano por Sexto Piso con el título *El zen y el arte del mantenimiento de la motocicleta* (2010).

11. Peter Elbow, *Writing with Power: Techniques for mastering the writing process* [Escribir con poder: técnicas para dominar el proceso de escritura], Oxford University Press, 1998, p. 16.

12. Francesco D'Alessio, «The science behind journaling: How the brain reacts», *Therachat*, 28 de diciembre de 2018. Disponible en https://blog.therachat.io/science-of-journaling/ (consultado el 10 de agosto de 2022).

13. *Salmos* 6, 2-3, nueva versión internacional.

14. *Salmos* 121, 1-2, nueva versión internacional.

15. Por ejemplo, un estudio de 2009 demostró «una significativa mejoría de la depresión y de la ansiedad, así como un incremento de las experiencias espirituales diarias y del optimismo», Peter A. Boelens, Roy R. Reeves, William H. Replogle y

Harold G. Koenig, «A randomized trial of the effect of prayer on depression and anxiety», *International Journal of Psychiatry in Medicine* 2009; 39 (4), 377-392, p. 377.

Capítulo 12

1. Por ejemplo, Audrey L. H. van der Meer y F. R. (Ruud) van der Weel, «Only three fingers write, but the whole brain works: A high-density EEG study showing advantages of drawing over typing for learning», *Frontiers in Psychology*, 2017, 8706. Llegaron a la conclusión de que «escribir a mano activa redes más extensas en el cerebro que teclear en un teclado».
2. Becky Hall, *The Art of Enough: 7 ways to build a balanced life and a flourishing world* [El arte de hacer lo suficiente: 7 formas de crear una vida equilibrada y un mundo floreciente], Practical Inspiration Publishing, 2021.
3. Esta es una expresión de Ed Catmull, el fundador de Pixar, para cuando las ideas se encuentran en sus primeras fases, cuando todavía no es fácil ver todo su potencial y son vulnerables a las críticas. Véase Ed Catmull, *Creatividad, S.A.: cómo llevar la inspiración hasta el infinito y más allá*, Barcelona, Editorial Conecta, 2014.
4. Eric Ries, *El camino hacia el Lean Startup: cómo aprovechar la visión emprendedora para transformar la cultura de tu empresa e impulsar el crecimiento a largo plazo*, Barcelona, Deusto, 2018.
5. *The Extraordinary Business Book Club*, pódcast, episodio 98 (http://extraordinarybusinessbooks.com/episode-98-doughnut-economics-withkate-raworth/).
6. John Medina, «Brain rule rundown». Disponible en http://brainrules.net/vision/ (consultado el 10 de agosto de 2022).

Capítulo 13

1. Daniel Levitin, *The Organized Mind: Thinking straight in the age of information overload* [La mente organizada: pensar correctamente en la era de la sobrecarga de información], Penguin, 2015, p. 13.

2. Citado por Mark Frauenfelder en «David Ogilvy's 1982 memo "How to Write"», *Boing Boing*, 23 de abril de 2015. Disponible en https://boingboing.net/2015/04/23/david-ogilvys-1982-memo.html (consultado el 23 de enero de 2022).
3. Peter Elbow, *Writing with Power: Techniques for mastering the writing process* [Escribir con poder: técnicas para dominar el proceso de escritura], Oxford University Press, 1998, p. 14.
4. Julia Cameron, *The Artist's Way: A course in discovering and recovering your creative self* (Profile Books, 2020), p. 10. Publicado en castellano por Aguilar con el título *El camino del artista: un curso de descubrimiento y rescate de tu propia creatividad* (2011).
5. *The Extraordinary Business Book Club*, pódcast, episodio 312 (http://extraordinarybusinessbooks.com/episode-312-free-writing-with-peter-elbow/).

Capítulo 14

1. Douglas Adams, *Mostly Harmless* (Pan Macmillan, 2009), p. 138. Publicado en castellano por Anagrama con el título *Informe sobre la Tierra: fundamentalmente inofensiva* (2012).
2. Donald Schön, *Educating the Reflective Practitioner: Toward a new design for teaching and learning in the professions* (Jossey-Bass, 1987), p. 42. Publicada en castellano por Paidós Ibérica con el título *La formación de profesionales reflexivos: hacia un nuevo diseño de la enseñanza y el aprendizaje en las profesiones* (1992).
3. Gillie Bolton con Russell Delderfield, *Reflective Practice: Writing and Professional Development* [Práctica reflexiva: la escritura y el desarrollo profesional], 5.ª edición, Sage, 2018, p. 14.
4. Giada di Stefano, Francesca Gino, Gary P. Pisano y Bradley Staats, «Making experience count: The role of reflection in individual learning», *Harvard Business School Working Paper*, n.º 14-093, marzo de 2014.

Bibliografía

Bolton, Gillie con Russell Delderfield, *Reflective Practice: Writing and Professional Development* [Práctica reflexiva: la escritura y el desarrollo profesional], 5.ª edición, Sage, 2018.

Cameron, Julia, *El camino del artista: un curso de descubrimiento y rescate de tu propia creatividad,* Madrid, Aguilar, 2011.

_____*El derecho y el placer de escribir: curso de escritura creativa*, Madrid, Gaia, 2000.

Clear, James, *Hábitos atómicos: cambios pequeños, resultados extraordinarios*, Barcelona, Planeta, 2020.

Csikszentmihalyi, Mihaly, *Fluir: una psicología de la felicidad*, Barcelona, Kairós, 2008.

Daisley, Bruce, *Fortitude: Unlocking the secrets of inner strength* [Fortaleza: descubrir los secretos de la fuerza interior], Cornerstone Press, 2022.

Giada di Stefano, Francesca Gino, Gary P. Pisano y Bradley Staats, «Making experience count: The role of reflection in individual learning», *Harvard Business School Working Paper*, n.º 14-093, marzo de 2014.

Dodge, Rachel, Annette Daly, Jan Huyton y Lalage Sanders, «The challenge of defining wellbeing», *International Journal of Wellbeing* 2 (3) 2012, 222-235.

Dweck, Carol, *Mindset: la actitud del éxito*, Málaga, Sirio, 2016.

Elbow, Peter, *Writing with Power: Techniques for mastering the writing process* [Escribir con poder: técnicas para dominar el proceso de escritura], Oxford University Press, 1998.

_____*Writing without Teachers* [Escribir sin profesores], edición del 25º aniversario, Oxford University Press, 1998.

Fogg, B. J., *Hábitos mínimos: pequeños cambios que lo transforman todo*, Barcelona, Urano, 2021.

Galef, Julia, *La mentalidad del explorador: por qué algunas personas ven las cosas con claridad y otras no*, Barcelona, Paidós Ibérica, 2023.

Gilbert, Elizabeth, *Libera tu magia: una vida creativa más allá del miedo*, Barcelona, DeBolsillo, 2023.

Gilligan, Stephen y Robert Dilts, *El viaje del héroe: un camino de autodescubrimiento*, Barcelona, Rigden, 2011.

Grant, Adam, *Piénsalo otra vez: el poder de saber lo que no sabes*, Barcelona, Deusto, 2022.

Hall, Becky, *The Art of Enough: 7 ways to build a balanced life and a flourishing world* [El arte de ser suficiente], Practical Inspiration Publishing, 2021.

Harari, Yuval Noah, *Sapiens: de animales a dioses*, Barcelona, Debate, 2014.

Harper, Faith G., *Deschinga tu cerebro: usando la ciencia para superar ansiedad, depresión, ira, miedos y desencadenantes*, Microcosm Publishing, trad. noviembre de 2020.

Janzer, Anne, *The Writer's Process: Getting your brain in gear* [El proceso del escritor: reconduce tu cerebro], Cuesta Park Consulting, 2016.

Kahneman, Daniel, *Pensar rápido, pensar despacio*, Barcelona, DeBolsillo, 2013.

Levitin, Daniel, *The Organized Mind: Thinking straight in the age of information overload* [La mente organizada: pensar correctamente en la era de la sobrecarga de información], Penguin, 2015.

Kolb, David A., *Experiential Learning: Experience as the source of learning and development* [Aprendizaje experiencial: la experiencia como fuente de aprendizaje y desarrollo], Prentice Hall, 1984.

Milne Rowe, Sara, *The SHED Method: The new mind management technique for achieving confidence, calm and success* [El método SHED: la nueva técnica de gestión mental para lograr confianza, calma y éxito], Michael Joseph, 2018.

Mohr, Tara, *Playing Big: For women who want to speak up, stand out and lead* [Jugar a lo grande: para mujeres que quieren ser escuchadas, destacar y dirigir], Hutchinson, 2014.

Newport, Cal, *Deep Work: Rules for focused success in a distracted world* [Trabajo profundo: reglas para tener éxito enfocado en un mundo de distracciones], Piatkus, 2016.

Pennebaker, James W. y Sandra K. Beall, «Confronting a traumatic event: Toward an understanding of inhibition and disease», *Journal of Abnormal Psychology*, 95 (3), 1986, 274-281.

Pennebaker, James W. y Joshua M. Smyth, *Opening Up by Writing It Down: How expressive writing improves health and eases emotional pain* [Abrirse a través de la escritura: como la escritura expresiva mejora la salud y reduce el dolor emocional], Guilford Press, 2016.

Peters, Steve, *La paradoja del chimpancé: el programa de gestión mental que te garantiza el éxito, la confianza y la felicidad que deseas*, Barcelona, Urano, 2018.

_____*A Path Through the Jungle: Psychological health and wellbeing programme to develop robustness and resilience* [Un camino a través de la selva: salud psicológica y programa de bienestar para desarrollar fortaleza y resiliencia], Mindfield Media, 2021.

Pirsig, Robert, *El zen y el arte del mantenimiento de la motocicleta*, Madrid, Sexto Piso, 2010.

Progoff, Ira, *At a Journal Workshop: Writing to access the power of the unconscious and evoke creative ability* [Un taller de escribir un diario: escribir para acceder al poder de lo inconsciente y evocar la habilidad creativa], edicion revisada, Inner Workbooks series, Jeremy P. Tarcher, 1992.

Roam, Dan, *Tu mundo en una servilleta: resolver problemas y vender ideas mediante dibujos*, Gestión 2000, 2017.

Schein, Edgar, *Preguntar con humildad: el sutil arte de pedir en lugar de exigir*, Barcelona, Empresa Activa, 2014.

Schön, Donald, *La formación de profesionales reflexivos: hacia un nuevo diseño de la enseñanza y el aprendizaje en las profesiones*, Barcelona, Paidós Ibérica, 1992.

_____*El profesional reflexivo: como piensan los profesionales cuando actúan*, Barcelona, Paidós Ibérica, 1998.

Sheldon, Alice, *Why Weren't We Taught This at School? The surprisingly simple secret to transforming life's challenges* [¿Por qué no nos enseñaron esto en la escuela?], Practical Inspiration Publishing, 2021.

Tupper, Helen y Sarah Ellis, *You Coach You: How to overcome challenges and take control of your career* [Tú eres tu *coach*: cómo superar los retos y llevar las riendas de tu carrera], Penguin Business, 2022.

Raworth, Kate, *Economía rosquilla: 7 maneras de pensar las economías del siglo XXI*, Barcelona, Paidós Ibérica, 2018.

Rushdie, Salman, *Imaginary Homelands: Essays and criticism 1981-1991* [Patrias imaginarias: ensayos y críticas 1981-1991], Granta, 1991.

Weick, Karl E., *Sensemaking in Organizations* [*Sensemaking* en las organizaciones], Sage, 1995.

Agradecimientos

*H*ay cientos de personas cuya perspicacia y apoyo han servido para que este libro viera la luz y a las que les estoy profundamente agradecida. Sin embargo, de la misma manera que no permito a otros autores de Practical Inspiration que escriban diez páginas de agradecimientos, probablemente tampoco debería permitirme ese lujo a mí misma. De modo que esta es una lista incompleta e insuficiente, pero es mejor que nada.

En primer lugar, gracias al equipo de Practical Inspiration Publishing y a nuestros socios de diseño y producción, Newgen Publishing UK, por su paciencia y buen humor, cada vez que yo incumplía las fechas de entrega (y especialmente a Shell por encontrar tiempo de escritura en una agenda llena hasta lo imposible y protegerlo ferozmente para mí). Indudablemente, trabajar con este tipo de personas es magia cotidiana.

Gracias a Alison Gray, una editora de desarrollo extraordinaria, por ayudarme a desenterrar la estructura que durante tanto tiempo se me había resistido; a la correctora de textos Katie Finnegan, por pulir el manuscrito final y darle formato, y a Mary Ala, por sus encantadoras ilustraciones de la «página».

La primera manifestación de este libro fue como una betaversión del curso WriteBrained, así que mi más profundo agradecimiento a todos los que os atrevisteis a probarlo y me transmitisteis vuestros comentarios: Anne Archer, Kathryn Bishop, Lyn Bromley, Joy Burnford, Alison Coward, Linda Duff, Felicity Dwyer, Gill Ereaut, Krista Powell Edwards, Susan Haigh, Becky Hall, Gary Hosey, Nikki Huddy, Honey Lansdowne, Craig McVoy, Grace Marshall, Susan Ni Chriodain, Clare Painter, Akhil Patel, Chris Radford, Lucy Ryan, Beth Stallwood, Ben Wales y George Walkley, y especialmente a Helen Dann, Sheila Pinder y Alice Sheldon, cuyas percepciones como expertas y su amable apoyo me ayudaron a creer que esta idea tenía posibilidades.

También quisiera dar las gracias a todas las personas que he conocido gracias al campamento virtual *The Extraordinary Business Book Club* en todos estos años, por su mentalidad abierta y su generosidad, sabiduría y saber hacer, y principalmente por ser tan buena compañía para los viernes por la tarde.

A mi fabuloso grupo de mujeres guerreras de doce semanas, Bec Evans, Liz Gooster, Grace Marshall, Cathy Rentzenbrink y Laura Summers, por sus excelentes reflexiones, apoyo y retos. Un agradecimiento especial para Bec por sus ideas sobre la estructura y por descubrirme la biblioteca de Gladstone, donde he escrito la mayor parte de este libro (y sin lugar a dudas, las mejores partes).

Gracias a todas las personas que han sugerido motores de arranque adicionales para la «Lista de motores de arranque»: Alisa Barcan, Jon Bartlett, Kathryn Bishop, Brian Cavanagh, Lisa Edwards, Krista Powell Edwards, Gary Hosey, Martin Klopstock, Aneta Ardelian Kuzma, Deb Mashek, Katy Murray, Roy Newey, Jo Richardson, Lucy Ryan, Naomi Lynn Shaw, Tricia Smith, Antonia Taylor y Lyanna Tsakiris.

Por último, gracias a todos mis invitados del pódcast de *The Extraordinary Business Book Club* por ayudarme a explorar la escritura con tanto esmero y generosidad; a todos los oyentes, y a ti, lector, porque escribir puede empezar con una exploración, pero no termina necesariamente allí, en última instancia: lo más importante es la conexión.

Sobre la autora

Alison Jones, Máster en Dirección de Empresas y en Letras, es pionera en el ámbito editorial desde 1992. Empezó trabajando como editora para Chambers Harrap y Oxford University Press hasta que alcanzó el cargo de directora de estrategia de innovación en Macmillan, antes de crear su editorial Practical Inspiration Publishing en 2014.

Actualmente, ayuda a gerentes y directores ejecutivos a escribir y a publicar libros de temática empresarial y autodesarrollo excepcionales y defiende el valor que tiene leer y escribir en el mundo empresarial.

Es la anfitriona del pódcast *The Extraordinary Business Book Club* y autora del superventas *This Book Means Business: Clever ways to plan and write a book that works harder for your business* [Este libro significa negocio: formas inteligentes de planificar y escribir un libro que te ayude en tu negocio] (2018), así como de una variedad ecléctica de obras de referencia. Su charla TEDx «Let's Rethink Writing» [Repensemos la escritura] cuenta con más de ochenta mil visualizaciones en YouTube, e imparte conferencias y talleres regularmente en organizaciones sobre el uso de la escritura exploratoria para obtener mejores resultados en el trabajo.

Es corredora, lectora, escritora y una defensora entusiasta de estas tres artes, impulsada principalmente por la fe, el té y la mantequilla de cacahuete.

Para conocer más sobre ella, visita:

www.alisonjones.com.

Índice temático